El maestro
de las Cometas

RAIMON SAMSÓ

El maestro
de las Cometas

EDICIONES OBELISCO

Si este libro le ha interesado y desea que le mantengamos informado
de nuestras publicaciones, escríbanos indicándonos qué temas son de su interés
(Astrología, Autoayuda, Psicología, Artes Marciales, Naturismo,
Espiritualidad, Tradición…) y gustosamente le complaceremos.

Puede consultar nuestro catálogo en www.edicionesobelisco.com

Colección Narrativa
EL MAESTRO DE LAS COMETAS
Raimon Samsó

1.ª edición: septiembre de 2025

Corrección: *M.ª Jesús Rodríguez*
Diseño de cubierta: *Enrique Iborra*

© 2003, Raimon Samsó Queraltó
(Reservados todos los derechos)
© 2003, 2025, Ediciones Obelisco, S. L.
(Reservados los derechos para la presente edición)

Edita: Ediciones Obelisco, S. L.
Collita, 23-25. Pol. Ind. Molí de la Bastida
08191 Rubí - Barcelona - España
Tel. 93 309 85 25
E-mail: info@edicionesobelisco.com

ISBN: 978-84-1172-317-6
DL B 8866-2010

Impreso en España en los talleres gráficos de Romanyà/Valls S. A.
Verdaguer, 1 - 08786 Capellades (Barcelona)

Printed in Spain

Elevó una cometa para alcanzar el cielo.
Y el cielo le devolvió el sueño de su corazón hecho realidad.

Agradecimientos

Mi recuerdo para todas aquellas personas de quienes aprendí algo inspirador; y que fueron absolutamente todas las personas que llegaron a mi vida y tocaron mi corazón de un modo u otro. Mi amor para Laura Conesa, Paz Puente, Marta Díez Josep Cussó, Salvador Chicharro y Joan Sagués, por su cariño y apoyo incondicional. Os llevo siempre en el corazón.

Mi agradecimiento a Ediciones Obelisco y a su editor, Juli Peradejordi, por su confianza en mí y en mis manuscritos; a él le debo cada palabra que he escrito desde que publicó el primero de mis libros.

Mi gran regalo sois vosotros.

Raimon Samsó

9

Uno

La fuerza de la aceptación

Desde tiempo sin principio, el atardecer enciende el cielo del Tíbet. Cuando el crepúsculo gana la cima de las montañas de nieves perpetuas, el color púrpura invade el firmamento y cubre de melancolía la mirada de quien lo contempla. Los jirones de las nubes se tiñen bajo una luz cambiante de tonalidades de asombro. Apenas se alarga unos instantes; y, sin embargo, la maravilla de ese momento permanece para siempre en el recuerdo. No existe ningún otro lugar donde, a causa de la altura, los colores sean tan luminosos ni la atmósfera tan transparente, ni la luz tan intensa... más que en el Tíbet, el techo del mundo.

Al caer la tarde, como de costumbre, los peregrinos procedentes de todo el país, y de las estepas de Mongolia, se reúnen en los alrededores del templo más sagrado de Lhasa, el Jokhang. Agotados por el largo viaje, descansan extasiados ante la majestuosa vista del palacio del Pótala, sobre la colina del Mepori, mientras los últimos rayos del sol se reflejan sobre sus tejados dorados y sus muros inclinados de color blanco y bermellón.

Después de recorrer la carretera circular de Lhasa, los peregrinos, cubiertos de polvo y con su escaso equipaje a la espalda, llegan hasta el templo del Jokhang en el corazón de la ciudad. Sus últimas postraciones las realizan sobre las losas de granito a la puerta del templo, flanqueada por columnas rojas y doradas. En su interior, oran ante la imagen del Buda Sidharta y depositan una ofrenda de ramas de enebro y artemisa para quemar. Los monjes, a los pies de la soberbia estatua, se encargan de hacer circular a los peregrinos. Una vez fuera del templo, éstos hacen rodar los molinos de oraciones salmodiando las sílabas simientes: *Om mani padme hum.*

No lejos de la ciudad de Lhasa, en el monasterio de Drepung, el anciano lama Guendun Rimpoché, conocido en la comunidad como el maestro de las Cometas, concluía la jornada en su taller.

Bajo la exigua luz de las lámparas de quemar, se levantó de su mesa de trabajo y guardó, con sumo cuidado, la cometa terminada. En las paredes, prendidos aquí y allá, infinidad de esbozos de cometas. En un rincón se amontonaba madera traída de la India destinada a confeccionar las varillas y, también, caña de bambú procedente de China. El desgastado suelo estaba salpicado por los goterones que se escurrían de las lamparillas de manteca de *yak* colgadas del techo. El rancio olor de su humareda invadía el ambiente y se mezclaba con el del incienso.

El anciano apagó las lámparas y se acostó sobre su esterilla. Las sombras se apoderaron de la estancia y, mientras aguardaba el sueño, podía oír a lo lejos gruñir a un *yak*, ladrar a los perros sin amo, y el ir y venir de las ratas sobre el tejado. A través de una rendija en la techumbre, se colaba un hilo de luz de luna que parecía brillar para nadie en medio del cielo estrellado.

Drepung, el mayor monasterio del Tíbet, integraba varios centros de estudios religiosos y filosóficos. En él, millares de monjes tibetanos, nepalíes y mongoles convivían en una gran ciudadela amurallada con sus plazas, sus callejas sinuosas y empinadas, las residencias para los novicios y las casas de los monjes y de los lamas. El significado de su nombre, «montón de arroz», aludía al entramado de construcciones escalonadas en terrazas que se encaramaban, junto al río KyiChu, en la ladera de una montaña de tres picos.

Con los primeros rayos del sol, el anciano maestro se dispuso a hacer volar la cometa que concluyó la víspera. Enfiló el camino que le conducía a campo abierto. A cada tanto, a un lado y otro del polvoriento sendero, se cruzaba con piedras apiladas por los peregrinos y ofrendadas a los espíritus de los valles, los ríos y las montañas.

Tras elegir un lugar apropiado, elevó la cometa, impulsada por la fuerte corriente del norte. La hizo planear ingrávida antes de que una súbita ráfaga de fuerte viento la zarandease. La tela no estaba tensada y eso la hizo vibrar. Sin duda, necesitaba más superficie de vuelo para ganar estabilidad. Consiguió que descendiera en un vertiginoso picado para remontar el vuelo a escasos metros del suelo, cuando parecía ya inevitable que se despedazaría. Después, con un leve gesto de muñeca, hizo que se acostara sobre el suelo.

Un joven novicio del monasterio, que regresaba de recolectar forraje, observaba ensimismado la magia y elegancia de las evoluciones de la cometa. Le pareció sorprendente ver a un anciano manejando una cometa.

—¿Por qué haces volar una cometa? –le preguntó al fin.

—Aunque pueda parecer un juego, no lo es.

El pequeño novicio, cuya túnica indicaba que aún no había sido ordenado, se mantuvo en silencio sin comprender lo que el lama le había contestado. De modo que insistió:

—¿Por qué haces volar una cometa?

Esta vez el anciano lama le respondió:

13

—La estoy probando.

—¿Puedes hacerlo cuando quieras sin que los superiores te reprendan? –preguntó, incrédulo, el muchacho mientras se frotaba con la mano su cabeza rapada.

El lama sonrió con indulgencia y espetó:

—¿Y tú, pequeño *chela*, puedes mantener una conversación sin hacer tantas preguntas?

Y aún agregó:

—Verás, es mi tarea asignada. ¡Y la cumplo muy satisfecho! Soy el maestro de las Cometas de la lamasería de Drepung. Aunque te pueda parecer insólito, éste es precisamente mi trabajo en la comunidad: construir cometas para nuestros festivales.

Y añadió con una sonrisa bonachona:

—¡Supongo que ya estoy muy viejo para otras cosas! –bromeó.

Un gesto de asombro se dibujó en el rostro infantil del novicio. «Ésa sí es una buena ocupación –pensó para sí– y no tener que estudiar los textos sagrados sin tiempo para jugar con el resto de los alumnos.» Le pareció una extraña ironía llegar a adulto; más aún, anciano, ¡para poder hacer volar cometas! Y, sin embargo, él, siendo un niño, debía hundir su rostro en los libros. «¡Qué terrible contradicción! ¡El mundo al revés!», pensó.

Tenzin Lonchenpa, ése era el nombre que recibió cuando ingresó en el monasterio de Drepung tres años antes, había aprendido a leer, escribir y memo- rizar textos. Como novicio, estudiaba para ser ordenado monje. La vida lamástica era de normas rígidas y adaptarse a ellas le resultó muy duro al principio; sin embargo, con el tiempo aprendió a valorar las ventajas de la disciplina.

El anciano lama, amable y conversador, hablaba desde el corazón. Siempre disponía de alguna historia sugestiva que contar. Tenía el rostro cubierto de arrugas, poseía unos ojos diminutos que se cerraban al sonreír; y, como buen tibetano, sonreía a menudo. Sabía de todo. Por leer y por viejo, por las dos cosas. Se le adivinaba su amor a la vida. Decía a menudo que, por cada ser encarnado, mil aguardaban el privilegio de nacer.

El maestro de las Cometas pareció adivinar los pensamientos del contrariado muchacho y, enseguida, le consoló:

—Yo también estudié sin descanso cuando era un joven discípulo como tú. Comprométete. Aprende a amar lo que haces en cada instante, aunque no ames todo lo que debes hacer. Trata de comprender su utilidad.

Únicamente, cuando desempeñes una tarea ingrata con aceptación, quizá entonces sea la última vez que la realices. Es sorprendente cuánto mejoran las cosas cuando empezamos a aceptarlas —concluyó.

Acuérdate de esto: sólo puedes dejar atrás lo que detestas cuando lo aceptas, aprendes a amarlo o comprendes todo cuanto puede enseñarte.

Pero, como a cualquier muchacho, a Tenzin le desagradaba la incomodidad del proceso de aprendizaje.

—¿Cuál es tu nombre?

—Tenzin Lonchenpa.

—Celebro este encuentro. Mi nombre es Guendun Rimpoché.

Y así fue como se conocieron el anciano maestro de las Cometas y el pequeño novicio que formulaba una pregunta tras otra.

—Tenzin, ¿quieres ayudarme?

—¡Sí! —respondió sin dudar un instante.

—Corre hasta la cometa, agárrala por la caña y tráela hasta aquí mientras recoges el hilo.

El muchacho obedeció sin vacilar.

—Otro día, si quieres, tráeme una oración escrita para tu familia y la prenderé en la cola de la cometa para que el viento la repita al ondearla.

El novicio asintió con la cabeza agradeciendo aquella bondad.

Echaba de menos a sus padres desde que se separó de ellos a los ocho años para ingresar en la lamasería. La tradición, en toda familia, era que uno de los hijos ingresara en un monasterio. Desde hacía muchas generaciones, siempre había un miembro de la familia en el monasterio de Drepung. Recibir educación en las únicas escuelas del país, los monasterios, suponía un gran honor y una gran suerte.

Tenzin no había vuelto a ver a sus padres desde entonces. Algunas veces, durante la noche, una lágrima recorría su mejilla al recordarlos. Pero, de inmediato, se repetía que estaba allí para ser un monje. «Y los monjes no lloran», se decía a sí mismo.

Drepung contaba con una biblioteca y una imprenta donde fabricaban papel para uso propio. Los novicios aprendían a escribir con plumas sin tinta; sólo, mucho más tarde, se les permitía escribir sobre papel. Los libros eran de gran tamaño, apaisados y con las páginas sin atar. Sus pesadas tapas de madera solían estar trabajadas. Los libros de rezos de los monjes, no obstante, eran de menor tamaño, con las hojas apiladas entre dos tablillas también de madera.

Copiar y traducir viejos textos era una tarea de gran mérito. Sin embargo, el corazón del pequeño novicio cabalgaba llevado por el viento en otra dirección. No era infrecuente que un aspirante a monje, desalentado de la vida monástica, buscara en las enseñanzas de un maestro la orientación que no hallaba en la lamasería.

Algo así le iba a ocurrir a él.

Mientras los dos caminaban de vuelta al monasterio por el sendero que transcurría junto al río, el muchacho afirmó:

—Preferiría crear algo hermoso en lugar de transcribir textos antiguos. Los sesudos maestros no hacen más que ponerlo todo por escrito, ¡libros y más libros...! A mí me apasiona el cielo. ¡Es grande como un océano transparente! ¡Y, llevado por el viento, se puede llegar a tantos lugares...! –dijo suspirando como si pudiese ver el mundo montado en una cometa–. ¡Con certeza, todo lo que en tierra firme es grave y serio, desde allá arriba, debe parecer una pequeñez!

Saltó por encima de un charco y prosiguió:

—Por desgracia, mi lama tutor espera que aprenda a copiar los escritos de la biblioteca del monasterio. Y algún día, traducir del sánscrito al tibetano libros traídos de la India; del mongol, antiguos edictos imperiales y archivar cientos de legajos amarillentos de los viejos registros del Pótala. Reconozco que se me dan bien las letras, sin embargo...

—Y, sin embargo, tú prefieres las tareas manuales, ¿me equivoco?

—Mi padre es artesano y yo he heredado de él esa habilidad. De niño jugaba a moldear el barro y le ayudaba.

—Dedicar una vida a lo que no alegra el corazón es sobrevivir y eso resulta desalentador. Nunca te sentirás gratificado por lo que, en realidad, no amas de verdad –afirmó el lama.

De vuelta en el monasterio, el anciano lama acompañó al pequeño novicio hasta las cuadras para entregar el forraje. Después, continuaron por las estrechas y empinadas calles hasta llegar al taller del maestro de las Cometas.

Celebra tu insatisfacción, joven *chela*, pues tu corazón quiere hacerte ver algo importante. Todo lo que llega hasta ti es para tu mayor bien, no para fastidiarte.

Sin embargo, Tenzin no encontraba en aquellas palabras ninguna razón para alegrarse de su creciente inquietud y desasosiego.

—¿No te das cuenta?, la incomodidad te empuja a cambiar. Ya nada volverá a ser igual. Y, cuando ese proceso se inicia, ya no hay vuelta atrás.

»Todo cambio externo se produce después de una evolución interna y no al revés. Y, créeme, cuanto mayores son los cambios deseados, mayor es la transformación personal para conseguirlos.

—Alentador, pero ¿cómo voy a celebrar el descontento?

—A veces las personas se sienten engañosamente «felices», cuando en lo más profundo se sienten insatisfechas. Fíjate en la polilla que vuela hacia la lámpara en busca del calor que le hará sentirse momentáneamente bien. ¡Sin embargo, esa misma llama será la causa de su muerte! Los seres humanos a veces también se autodestruyen en la búsqueda de la satisfacción inmediata.

Como el novicio se resistía a aceptar sus explicaciones, el maestro le contó la siguiente historia:

—Había una vez un buscador de la verdad. Cuanto más aprendía con la mente, más insatisfecho se hallaba.

De tanto buscar, nada satisfactorio encontraba. Y así, cansado de probarlo todo, acudió a un maestro. Éste, tras advertir su desencanto, le habló de este modo:

«A quienes buscan la felicidad y sólo encuentran insatisfacción, les enseño a vaciar su mente de razones insustanciales. Les digo que no han sabido buscar. Y les invito a vaciarse de todo, y a llenarse de sí mismos, para escuchar en su interior. No hay más felicidad que la de un espíritu esclarecido y en paz».

Fue así como Tenzin reconoció en aquella resistencia interior una señal de un aspecto de sí mismo que debía sanar. Y que el *dukkha* (el sufrimiento y la insatisfacción) era el vehículo que conduce a corregirse a uno mismo.

—¿Ocurre igual con las personas? Quiero decir, ¿he de agradecer que haya quien me haga enfadar? –preguntó el novicio con un gesto de desgana.

—¡Por supuesto! ¡Son auténticos maestros disfrazados de enemigos!

—¿Maestros? Tal vez, pero, ¡qué doloroso resulta aprender a fuerza de recibir palos!

Acuérdate de esto, Tenzin: cuando nada puede ser como antes, es porque no debe ser como era. Hay un sentido profundo del orden en la agitación y el caos.

—Entonces, maestro, ¿cómo he de comportarme en medio de una experiencia difícil?

—Aceptándola sin más. Tu resistencia sólo aumenta su tamaño y la perpetúa. Créeme, no podrás librarte de nada que no hayas aceptado antes. Ésta es una gran verdad.

El novicio frunció las cejas y objetó:

—¡Es una gran contradicción! –exclamó. Y, acto seguido, se disculpó por su respuesta impertinente.

—¿Acaso te he dicho que sea una evidencia? –le aclaró el maestro sin la menor señal de enfado–. Puede parecerte absurdo pero, en realidad, así es.

»Aprende a amar lo que aborreces y se disolverá por sí solo cuando dejes de alimentarlo con tu rechazo. Al modificar tu actitud, la vida entera se adapta a ese cambio y se transforma para ti.

—Parece más fácil decirlo que hacerlo.

—No creo que hayamos nacido para alcanzar un logro sencillo, sino para convertirnos en auténticos gigantes del conocimiento. Las circunstancias por las que pasamos sirven para la evolución del espíritu y no habrían sucedido si no fuera así.

—Trato de comprenderlo… –dijo sin demasiado convencimiento.

—Ya sé que es mucho más cómodo esperar que las cosas cambien por sí solas, y, de ese modo, ahorrarte el esfuerzo y la molestia de cambiar tú. Pero no es así como se vive una vida extraordinaria.

—Expresado de esa forma parece sencillo –concedió.

—Es sencillo, aunque no fácil. El mayor secreto de la felicidad está en aceptar lo que llega a nuestras vidas y en soltar lo que se va. Sé que cambiar puede resultar doloroso; pero, no más que continuar como hasta la fecha. Dime, ¿dónde está el verdadero riesgo?

—En seguir siendo el mismo, sin duda. Pero, dime, la aceptación llevada a ese extremo… ¿no es conformismo?

—¡De ningún modo! Sólo digo que más importante que lo que nos ocurre es qué elegimos hacer con ello. La aceptación siempre resulta muy liberadora.

Se cruzaron con otros monjes que iban y venían bajo sus hábitos azafranados.

—Hay hombres de dos naturalezas: aquellos que escriben sus palabras en la arena y su mensaje, por tanto, desaparece pronto; y aquellos que las escriben con firmeza en la piedra para que permanezcan inalterables.

»Atiende, pequeño *chela*, porque ésta es la receta para conquistar tu vida: mantén tu mano dúctil como la arena, pero escribe con trazo firme y seguro como en la roca. Sé tierno ante el amor, pero fuerte ante el temor.

—No lo olvidaré, dúctil y firme… tierno y fuerte… –repitió Tenzin para grabarlo en su memoria.

—Eso es, aprendes muy deprisa –el maestro apoyó su mano sobre el hombro del muchacho y prosiguió–: Permíteme expresarlo de otro modo: aceptar lo que llega no significa entregarse a la indiferencia; al contrario, es un acto de auténtico amor que requiere un gran valor y comprensión.

—Prometo meditar sobre esta excepcional clase de valentía, venerable lama.

—Algún día aprenderás que el coraje es el camino del corazón y el que ha de llevarte más lejos –añadió.

Se detuvieron. Habían llegado frente a la casa del maestro. Tenzin se acordó de que debía reunirse de nuevo con sus compañeros sin demora.

—¿Puedo volver mañana y ayudarte a reparar la cometa?

—Puedes, si te lo permiten tus superiores –concedió el maestro.

El muchacho repitió tres veces *thu-je-chhe* mostrando su agradecimiento. Y se despidieron con una reverencia.

Tenzin se marchó corriendo, sujetándose la túnica para no tropezar con ella; y el anciano lama entró con la cometa bajo el brazo. Esbozó una sonrisa al recordar cuando tenía la misma edad del joven e idéntica curiosidad. Como él, no cesaba de formularse preguntas. Y como él, no admitía un interrogante sin respuesta.

Puso la cometa encima de la mesa de trabajo y la desmontó. Decidió aumentar la superficie de vuelo. Para ello, sustituyó las varillas por unas más largas. Sobre la nueva estructura, cosió una tela mayor asegurándola con pelos de caballo hervidos. Por último, anudó la cola. Y la cometa quedó lista para volar.

Dos

El campo de todas las posibilidades

Pasó un tiempo hasta que, impaciente por reunirse de nuevo con el maestro de las Cometas, el novicio le visitó. Su modesta casa se hallaba en un extremo de la ciudadela, aunque dentro del recinto amurallado. Como la mayoría de las edificaciones, poseía una fachada encalada, ventanas trapezoidales y un tejado plano.

—*Tashi delek* –saludó a la manera tradicional tibetana mientras hacía una reverencia.

—*Tashi delek*. Entra, Tenzin Lonchempa. Sentía que no tardaríamos en vernos.

Como muestra de respeto, el novicio le había llevado un *khata* (pañuelo blanco de gasa) con el que rodeó su cuello y después unió sus manos. El anciano lama le devolvió el saludo agradecido por su amabilidad.

—Adelante, déjame enseñarte mis cometas. ¿Quieres verlas?

Los ojos del pequeño novicio se iluminaron.

—¡Claro! ¡Desde luego que sí!

El taller consistía en una única estancia, decorada con algunos *tangkas* (pinturas tradicionales sobre tela) y un parco mobiliario. Las vigas y las columnas de madera estaban ennegrecidas por el paso del tiempo. Mediante una escalera de mano, podía acceder a un altillo tapizado con una alfombra raída sobre la que desenrollaba su esterilla para dormir. Contaba, además, con un patio que utilizaba como almacén. Allí, bajo un cobertizo, guardaba tejidos de seda, carretes de hilo de diferente grosor y pigmentos de todos los colores.

Se fijó en una cometa que contenía dos farolillos en su interior y que representaban los ojos de una divinidad de aspecto feroz.

Sus ojos acechaban amenazantes y sus fauces exhibían afilados colmillos. Según le explicó, se usaba en las celebraciones nocturnas del monasterio y su luz podía distinguirse en la oscuridad.

—Fíjate bien en ésta —observó el lama—, es una cometa china que descubrí entre los cachivaches de un mercader del Barkhor. Su ornamentación es desmedida. Aquí hay más cometas. Unas caracterizan animales; otras, personajes de viejas leyendas tibetanas: dioses, semidioses y demonios.

El muchacho se encogió de hombros, señaló una, y esbozó una sonrisa divertida:

—¿Qué animal es éste?

—Representa una extraña bestia mitad dragón, mitad águila. Algunas cometas personifican demonios sacados de tradiciones populares muy anteriores al budismo.

—¿Conoces sus nombres? –quiso saber Tenzin.

—No todos. Nuestro pueblo es muy supersticioso y en sus anales abundan infinidad de divinidades anteriores al budismo. Nosotros, los monjes, debemos respetarlas.

Los ojos de Tenzin se fijaron sobre una cometa con una forma que le resultaba más familiar: los chiquillos solían manejarlas en la fiesta anual de las cometas.

—Aquí tienes una romboide. Es simple pero efectiva. Éstas resultan fáciles de manejar. Yo las utilizo para probar materiales, nada más.

Aquel comentario hizo que se disparase una nueva pregunta del muchacho:

—¿Con qué las construyes?

—La seda proviene de China, al igual que el bambú. La madera, en cambio, llega del norte de la India.

—Parecen costosas… –pasó su mano sobre una cometa acariciándola.

—Algunas lo son. Las caravanas de mercaderes nepaleses que entran y salen del país suministran más tarde que pronto a los comerciantes del Barkhor.

En el abigarrado mercado, era posible encontrar cualquier mercancía procedente de los países más remotos, sobre todo de la India, de donde procedían los objetos más prodigiosos, bártulos para cocinar, especias y el preciado té.

La larga ruta del té verde empezaba en China y terminaba en Lhasa después de un largo viaje de cuatro meses, según las lluvias, a través de las montañas del Himalaya.

El Barkhor reunía una interminable sucesión de pequeños tenderetes amontonados a ambos lados de la calle alrededor del templo sagrado del Jokhang. Constituía un universo frágil de colores, sorpresas, voces, polvo y una mezcla de olores. Sus vendedoras, de expresión sonriente, ojos almendrados, caras de luna llena, tez tostada y largas trenzas, iban ataviadas con los tradicionales delantales a rayas.

Más allá, sujetos en la pared, algunos esbozos llamaron la atención del muchacho.

—Son cometas celulares de grandes dimensiones, muy estables a gran altura. Por su tamaño son capaces de elevar incluso a una persona.

Tenzin preguntó frunciendo el entrecejo:

25

—¿Y quién se sube en ellas?

—Algunos monjes se entrenan para volar y lo hacen a la perfección. Aunque por desgracia algunos han muerto en accidentes, suelen pilotarlas con pericia. En Drepung también tenemos monjes pilotos. Ya los conocerás.

Trató de imaginarse a aquellos héroes del cielo dirigiendo la cometa desde su interior, a muchos pies de altura, y entonces acarició la idea de emularles un día.

—¡Tenzin, vuelve a tierra! –le reprobó el maestro–. Presta atención, las de gran tamaño son muy resistentes, pero poco manejables. Se utilizan para acciones de vigía.

—¡¿En serio?! –exclamó Tenzin asombrado.

—Sí, así es. Tendrás ocasión de comprobarlo por ti mismo.

El maestro de las Cometas abrió un antiguo arcón de madera con aspecto de llevar mucho tiempo cerrado. Revolvió en sus entrañas hasta dar con lo que buscaba.

—¿Qué guardas aquí? –el muchacho estiró el cuello tratando de ver su contenido.

—Viejas cometas. Fíjate bien, ésta carece de estructura rígida, toma cuerpo gracias al viento. En pleno vuelo es muy hermosa, aunque ahora no puedas apreciar toda su belleza.

—Pero puedo imaginármela...

El lama sonrió y concedió:

—Me lo figuro.

Acuérdate de esto, Tenzin: las cosas más importantes de la vida son invisibles a los ojos; pero que no se vean no quiere decir que no existan.

El anciano hizo un ademán con la mano para que se sentase sobre unos descoloridos almohadones. Ambos doblaron sus piernas a la manera tibetana y echaron el faldón del hábito sobre el hombro.

El anciano maestro prosiguió:

—En el mundo de la materia, todo lo creado fue antes una intención en la mente de su creador.

—¿Un sueño?

—Sí. Unos se cumplieron; otros se desvanecieron víctimas del desinterés. Cuando un sueño muere porque se deja de creer en él, el eco de un sollozo retumba en el sinfín del cosmos. Se convierte en una amarga lágrima que recorre todo el Universo de punta a cabo. Pero, afortunadamente, un día el sueño brota de nuevo en un corazón dispuesto y decidido a creer en él. Y, entonces, aquel dolor se transmuta en pasión por convertirlo en realidad.

Acuérdate de esto, Tenzin: creas en la realidad aquello en lo que crees en tu interior y alientas con una determinación a toda prueba.

Las cometas constituían el deporte nacional del país del viento. Los tibetanos las hacían volar durante todo el año, aunque la temporada más favorable empezaba en octubre.

El primer día de ese mes, desde el tejado del palacio del Pótala, se elevaba una gran cometa dorada con los ojos del Buda. Instantes después, infinidad de cometas, creando un tapiz multicolor, se elevaban sobre el valle para saludar el final de las lluvias y el principio de la estación seca.

La rivalidad, siempre amable, entre las lamaserías de Sera y Drepung, se reflejaba en todas las manifestaciones de los novicios de ambos monasterios. La fiesta anual de las cometas era una magnífica ocasión para enfrentar a ambas ciudadelas monásticas.

Afuera, el viento soplaba con fuerza y su incesante silbido atormentaba a los perros y los hacía aullar.

El anciano maestro le mostró al joven *chela* en qué estaba trabajando.

—Son los bocetos de la cometa con la que este año nuestro monasterio competirá. Todavía estoy dándole vueltas, pero voy a introducir una sorpresa cuya ejecución no he resuelto del todo.

El muchacho recorrió con su mirada curiosa el plano e hizo algunas preguntas:

—¿Dibujas siempre un esquema antes de armar una cometa?

—Sin un plan preciso, nada conduce a nada.

Tenzin movió la cabeza asintiendo.

—¡Vaya!... ¿volará? ¡Parece muy pesada! —exclamó.

—¡Y lo es! ¿Querrás ayudarme a construirla? —le propuso.

No se pensó la respuesta ni un segundo:

—¡Claro! —gritó entusiasmado.

Pero enseguida se dio perfecta cuenta de que eso no iba a ser posible. Los tutores no iban a permitírselo. ¿De dónde sacaría el tiempo? La disciplina era muy rígida en el monasterio.

El lama de las Cometas le alentó:

—No te preocupes, ya encontraremos el modo de que puedas venir a ayudarme. Si ése es tu verdadero propósito, nada podrá apartarlo de tu camino.

Tenzin aún había de descubrir cuál era el mayor anhelo de su corazón.

—¿Puedo elegir aquello a lo que dedicarme y entregar mis energías?

—Venimos a esta vida con una misión que llevar a cabo y no podemos ignorarla, pues fuimos enviados a desempeñarla. La ley del *dharma* nos asegura a todos un propósito que cumplir. Cuando lo aceptes, no tardarás en descubrir qué.

»A veces, pienso que es el propio sueño el que nos elige. Y nuestra única elección es cómo materializarlo. Es como si el sueño soñara a través del soñador... De algún modo, nos susurra: «Aliéntame, dame vida, permíteme existir... Quisiera crecer a través de ti y bendecir tu vida».

—¡Qué hermoso pensamiento! –Tenzin dio suspiro–. Nunca se me había ocurrido contemplarlo desde esa perspectiva –afirmó.

El maestro le animó a manifestar su propio sueño y a expresarlo para darle el primer aliento de vida. Esa declaración ya constituía un acto creativo en sí mismo y el alumbramiento de un nuevo sueño en el mundo. Sólo con afirmarlo, lo desperezaba y lo atraía hacia sí.

En el campo de todas las posibilidades, lo no creado existe de algún modo como una potencialidad latente y su brillo parpadea en busca de su gran oportunidad para hacerse real. Algo tan difuso como una posibilidad se concreta en la materia debido al impacto y la conmoción que el soñador causa en su propio sueño.

—Formúlate algunas preguntas: ¿qué es lo que hace latir mi corazón con fuerza? Si supiera que no voy a fracasar, ¿qué haría? ¿Es mi sueño lo bastante grande como para hacerme crecer? ¿Constituye mi mayor bien y también el de los demás?

—¿Y si me equivoco en las respuestas?

—El corazón no se equivoca jamás. Déjate guiar siempre por él. Ve a donde te lleve, exprésate con sus palabras, actúa desde su sabiduría.

—Pero, y ¿si aun así no hallo el camino apropiado?

Los detalles se aclararán a medida que avances. Sucederán cosas inesperadas y habrás de conocer personas que te ayudarán… ¡Atrévete, confía en el proceso, aun sin saber todas las respuestas de antemano! Hay mucha sabiduría en serenarse en la incertidumbre.

Su joven corazón sentía que había llegado el momento de correr una gran aventura cuyo desenlace no podía imaginar. Y el sentido de esa fascinante aventura no consistía tanto en el logro, sino en el modo que lo envolvía con su vida y la construía entorno a él.

—Aun así, me pregunto cómo conseguiré llevar a cabo mis planes.

—Olvídate de descubrir cuáles son los pasos necesarios, ahora ésa no es la tarea. Céntrate en estar dispuesto a darlos en el momento oportuno.

El muchacho asintió abstraído en esos pensamientos. Por un instante, sintió que la vida era un entramado inteligente de acontecimientos entrelazados en un orden frágil y sutil.

Por otro lado, intuía que sólo la confianza le conferiría el valor necesario para manifestar su don y ascender a una vida nueva e inspirada, orientada a expresar su auténtico «yo».

—Las grandes obras —concluyó el maestro— las hacen personas normales que se atreven con lo extraordinario. Piensa en ello, Tenzin. Escucha tu corazón y abraza un compromiso; y sólo entonces, vuelve aquí.

Dicho esto se despidieron.

El alumno reconoce al maestro. Y éste a aquél, en un acto inconsciente de mutua aceptación. Cuando dos personas comparten aquello que más aman, se establece una conexión sutil que alumbra la armonía entre ellas. Mil luciérnagas iluminan su sueño compartido poco antes del amanecer.

Pero sólo, cuando el anciano lama se asegurase de la determinación a toda prueba del discípulo, le aceptaría como tal.

La posibilidad de construir la cometa mantuvo a Tenzin tan absorto en el refectorio de la lamasería que, durante la hora de la comida, no le prestó ninguna atención al lector y a su lectura. Mientras tomaba el *tsampa* con nabos hervidos, no dejó de dar vueltas a las palabras del maestro de las Cometas. «Conviértete en la caña y el velamen de la cometa, elévate, vuela…», oyó decir con claridad a su voz interior. Y en ese momento su espíritu se hizo ingrávido, liviano; y su imaginación planeó hasta los confines del cielo transparente y luminoso del país del viento.

No le quedaba ninguna duda. Ahora albergaba un gran anhelo: construir esa prodigiosa cometa para competir con el monasterio de Sera.

Uno de los rudos monjes vigilantes de la lamasería (llamados *dobs dobs*) golpeó la puerta con su temible bastón. Su bravo aspecto se exageraba al oscurecerse el rostro con barniz negro. Le entregó al anciano lama un correo procedente de la lamasería de Sera dirigido a él.

Una vez a solas, el maestro de las Cometas leyó:

«Un acólito preguntó al lama: ¿Cómo puedo alcanzar la iluminación? Y el maestro le respondió: Come, trabaja y descansa. ¡Pero si eso lo hacen todos los mortales desde hace siglos!, respondió el alumno».

«¿Qué verdad fundamental encierra su respuesta?», preguntó Naropa Trungpa, el monje de las cometas del monasterio de Sera, y el rival al que habría de enfrentarse en la fiesta anual de las cometas.

Aquel mensaje era algo más que un simple acertijo: pretendía valorar la agudeza de su adversario. En el Tíbet, quienes compiten aprecian en buena lid la inteligencia del rival, pues, en caso de vencerlo, la victoria es mayor.

El maestro dejó a un lado el escrito mientras cerraba los ojos y trataba de hallar la respuesta.

Lo cierto es que iba a tomarle un día entero encontrarla.

Tres

Todo corazón alberga un anhelo

Los últimos rayos del sol teñían la ciudad de Lhasa del color del ámbar. El majestuoso palacio de Pótala, con sus mil habitaciones tras los imponentes muros inclinados y sus cúpulas doradas, resplandecía bajo la luz cambiante del atardecer. Por unos instantes, la residencia del rey monje del Tíbet, el Dalai Lama, parecía un espejismo ingrávido visible desde todo el valle. En las largas escalinatas de piedra, se mezclaban los monjes ataviados con túnicas de diversos tonos. Los acólitos, a partir de su ordenación como monjes, lucían una túnica rojiza sobre una camisa amarilla sin mangas; morado, para los monjes principales; azafrán, para los abades; y el dorado se reservaba para el Dalai Lama y los altos lamas con cargos oficiales.

Poco antes de oscurecer, los peregrinos apelaban a la hospitalidad de los habitantes de Lhasa para obtener refugio donde descansar. Después de caer la noche, la luna envolvía con su luz las cimas nevadas de las montañas y las teñía de un tono azul metálico.

Bajo su reflejo, los grillos entonaban su monótona serenata para insomnes.

El anciano encendió algunas lámparas para ahuyentar la oscuridad. Más allá, una barra de incienso quemaba y su fina columna de humo ascendía hasta dispersarse en el ambiente. Tenzin irrumpió en la estancia de un modo abrupto. Y al abrir la puerta, una ráfaga de viento gélido se coló, barriendo de su mesa de trabajo las telas de seda con las que se hallaba ocupado.

Dándose cuenta del desorden que había causado, el muchacho lamentó su torpeza con una disculpa. Su atolondrado comportamiento se debía a la impaciencia por manifestarle su determinación para construir las más grandes, las más prodigiosas, las más espléndidas cometas… Lo nunca visto.

Ahora que por fin sabía lo que hacía latir su corazón, ansiaba gritárselo al mundo:

—¡Quiero hacer volar cometas! –exclamó.

—¿Escogiste con el corazón o con la cabeza?

—Decidí con el corazón.

—Bien, entonces, sea como dices. Aunque debes saber que dedicarte a aquello que te apasiona no significa que tu vida vaya a ser más sencilla; aunque sí mucho más interesante.

—Quiero hacer volar cometas –aseveró con rotunda convicción–. Los días en los que no se trabaja en aquello que se ama son tristes.

Cuando la mente busca la felicidad en lugares equivocados y engañosos, el espíritu desfallece. Por fortuna, el corazón nunca se equivoca en sus elecciones.

—Recuerdo una cometa que se me escapó. A pesar de buscarla con afán durante algún tiempo, nunca la hallé… Cuando vi tu cometa, por un momento creí haberla encontrado finalmente. De algún modo la recuperé.

—Te comprendo bien…, aunque veremos cuál es la opinión del lama tutor y la decisión última del abad Principal –dijo el anciano.

Debido al gran tamaño del monasterio de Drepung, un único abad no era suficiente para su administración. De modo que la ciudadela monástica era gobernada por catorce abades bajo la autoridad de un abad Principal.

No todos los monjes eran nombrados lamas. Entre los monjes había distinciones de rango y también entre los lamas y los abades.

—Tranquilízate, haré todo cuanto pueda para apoyarte –prometió enseguida el maestro.

—Por favor... –solicitó Tenzin con un gesto de súplica.

—¡Todo es posible si así lo crees! Hoy has hecho lo más importante: tomar una firme decisión. Ese coraje te abrirá puertas que ni imaginabas que existían. En este mismo momento, tu sueño nace, al menos, como una posibilidad.

Acuérdate de esto, Tenzin: todos deberíamos creer en un gran sueño y vivir para convertirlo en realidad.

—Hablaré con el abad Principal. Confía, todo va a salir bien, ya lo verás –le animó.

El maestro le ofreció una escudilla de comida.

En el monasterio, los novicios podían tomar una buena cantidad de *tsampa* tres veces al día. En las ocasiones especiales, un cuenco de *drel-sil* (puré de arroz y boniatos), o *momos* (masa cocida al vapor rellena con verduras). Y a cualquier hora y sin limitación, té con manteca. ¡Un monje adulto podía tomar cerca de cuarenta tazas diarias!

Por esa razón, los fogones de la cocina de la lamasería calentaban té desde el alba hasta el crepúsculo. Allí acudían los novicios encargados de servirlo para llenar unas grandes teteras de latón que, una vez colmadas, les hacían tambalearse bajo su peso.

Tenzin aceptó encantado el ofrecimiento. A pesar de la poca variedad en la dieta, siempre mostraba un gran apetito y aprovechaba cualquier oportunidad para comer incluso si se trataba de caldo de ortigas.

El *tsampa* se elaboraba mezclando harina de cebada tostada y manteca de *yak* en la que se vertía un poco de agua o té, se amasaba y se comía con los dedos.

El ritual de la preparación del té salado era más largo; consistía en cocer las hojas sueltas —o las tabletas de té prensado— en un caldero lleno de agua. Después, se le añadía mantequilla y sal.

Se sentaron a la manera tibetana, con las piernas cruzadas, sobre una cálida estera.

Las sombras de ambos se proyectaban agrandadas y vacilantes sobre la pared. Sus siluetas parecían poseer vida propia en una dimensión misteriosa donde las sombras existían aun sin luz.

—Tenzin —dijo el maestro después de tomar el primer sorbo—, las enseñanzas de Buda señalan que lo que hacemos y quienes somos no debería estar separado. En ese sentido, sigue siempre los dictados de tu corazón. Aunque he de prevenirte que dedicar una vida a lo que más amas no es garantía de una existencia fácil; muy al contrario, te conducirá a los mayores desafíos.

El maestro sirvió nuevamente té para los dos —dejar el tazón de un invitado desatendido suponía una auténtica descortesía en el Tíbet— y, tras un primer sorbo, añadió:

—La elección de lo fácil lleva a una vida difícil a la larga. Y al contrario, con el tiempo lo difícil acaba haciendo la vida más fácil. Los caminos cómodos no conducen a ninguna parte; sin embargo, los caminos arduos te llevarán lejos.

Y, mientras el pequeño *chela* comía, agregó:

—Debes saber que, a veces, no hay mayor riesgo que resistirte a vivir la gran aventura de convertirte en la persona que puedes ser. Sé osado, la vida bendecirá con el éxito cuanto emprendas en esa dirección. ¡Entra en el sueño de tu vida, ése será tu mayor logro!

—A veces asusta atreverse… –dijo el muchacho con la boca llena–. ¡Sobre todo cuando llega el momento de pasar a la acción!

—Así es. Pero después, cuando cumples con tu propósito, te das cuenta de que tu vida se expande y adquiere sentido. He de advertirte que para la realización no existen recetas rápidas ni sencillas. ¡Al menos, yo no las conozco!

»A la larga, querido *chela*, con tu ejemplo, tocarás el corazón de los demás mucho más hondo que con las palabras. Y entonces, depositarás en ellos una semilla que les inspirará a trabajar en sus propios anhelos.

—¡Me parece increíble pensar que yo pueda enseñar algo que sea apreciado por ellos! ¡Soy un pobre *chela* que sólo sabe hacer preguntas y más preguntas!

—Todos podemos contribuir a incrementar la belleza de este día. Y todos, sin excepción, poseemos un don único y genuino que ofrecer a los demás –afirmó el maestro con voz suave.

—Mmm…, en fin, no sé si algún día seré lo bastante bueno como para…

—¡Por supuesto que sí! –le interrumpió el maestro. Tú mismo lo comprobarás.

A pesar de sus dudas, el pequeño novicio había tomado una decisión firme. La pasión por su sueño se había encendido como una gran pira y ese fuego iluminaba una nueva vida.

En lo más hondo de su corazón, sentía que sin un sueño sincero y auténtico su vida languidecería poco a poco hasta marchitarse.

El maestro le dedicó una mirada de compasión:

—Verás, cuando digo ser creativo no me refiero sólo a hacer algo que tenga que ver con las artes. En toda circunstancia, se nos brinda la posibilidad de expresarnos de un modo creativo; esto es, con amor.

Unas ratas se paseaban sobre el tejado. Desde el interior de la casa, podían oírse sus pasos yendo de un lado a otro. Los roedores se pasaban el verano en los campos de cebada del valle, donde eran una auténtica plaga, y en invierno se acercaban a los monasterios en busca de alimento.

Guendun volvió a llenar la escudilla vacía del muchacho y agregó:

—Ser creativo es cumplir con tu trabajo, sea cual sea, con amor. Y la creatividad consiste en permitir que tu sueño te alcance, te traspase, llegue a los demás y toque sus vidas al igual que transforma la tuya.

El muchacho frunció el ceño, se chupó los dedos y objetó:

—Siempre pensé que crear era obtener algo donde antes no había nada.

—No exactamente. Crear es llevar amor donde estaba ausente. No hay nada tan creativo como eso. No sé si responde a tu pregunta.

»En el plano espiritual, los sueños existen en un estado de crisálida aguardando un creador que los lleve del campo de todas las posibilidades a la realidad. Así como el paisaje busca al pintor, el poema al escritor, el amor a los amantes…, el sueño busca al soñador.

El joven se hallaba confuso. De acuerdo con las explicaciones del anciano maestro, ¡incluso lo no creado existía como una posibilidad! ¡Sólo imaginarlo le confundía y desconcertaba!

—Entonces –preguntó–, ¿por qué en un mundo abundante de oportunidades ilimitadas son tantos los hombres que viven en la escasez?

—¿Acaso te he dicho que no exista la necesidad? Pero es así únicamente por causa del egoísmo humano y de su profunda ignorancia.

Tenzin, después de dar buena cuenta de su segunda ración de *tsampa*, dejó a un lado la escudilla vacía. El maestro, que apenas la había probado, paseaba ahora de un lado a otro mientras ordenaba sus ideas esforzándose por ser lo más claro posible.

—Escucha atentamente, pues debes comprender y mantener siempre presentes estos cuatro preceptos:

»*Primero,* todo corazón alberga un profundo deseo y, al mismo tiempo, posee la llave que lo abre a la realidad. Dedicarle tiempo y energía conduce al soñador a ocupar su justo lugar en la creación.

»*Segundo,* cuando se combinan el talento con una determinación firme, el logro está asegurado sin importar cuánto pueda tardar. Quien siembra tiene la cosecha asegurada, aunque a veces sea en un campo distinto.

»*Tercero,* la vida entera aguarda la intención del soñador. Una vez la manifiesta, le recompensa allanando los caminos. La vida apoya a los valientes de espíritu. Y les concede el don de la cocreación.

»Y *cuarto,* cuando trabajas en tu más elevado propósito, los medios y las oportunidades se revelan y salen al encuentro para transformarse en su equivalente material en la realidad sin que pueda llamarse suerte o azar.

Algo se iluminó en su interior al oír aquella declaración. Y, aunque le pareció muy simple para que pudiera obrar, con el tiempo habría de acostumbrarse a los pequeños prodigios, a descubrir las enseñanzas en las cosas más insignificantes, a ser paciente en aprenderlas y aún más paciente al practicarlas.

—Y dime, venerable lama, ¿cómo puedo ser creativo cumpliendo las tareas penosas? ¿Qué iluminación hay en realizarlas?

—Incluso la más desagradable de ellas puede transformarse… ¡desempeñándola con amor!, si la miras con ojos nuevos. Cuando eliges amar tu trabajo, éste deja de convertirse en una carga. La vida está llena de pequeñas cosas que se hacen grandes cuando las amas.

—Por ejemplo… ¿lavar los platos? –le desafió.

—¡Magnífico ejemplo, Tenzin! –exclamó, aceptando el reto que le planteaba el muchacho–. Hay mucha sabiduría en la cocina.

—Pues, con sinceridad, ¡no puedo imaginar a nadie que le guste lavarlos! –manifestó el pequeño novicio.

Le miró con ternura y dijo:

—Lo que para ti es un fastidio, para otro puede ser una bendición. Cuando abandones tu puesto, surgirá alguien que lo ocupará para realizar esa labor con agradecimiento. Si en tu trabajo llega el día en que no sabes cómo proseguir, déjaselo a otro.

Trataba de imaginarlo, pero decididamente había ciertas cosas en la lamasería que no le gustaba hacer.

—Los platos –prosiguió el anciano maestro– nunca han dejado de lavarse… Si esa tarea te resulta ingrata, elévala pensando que lo que en realidad estás limpiando son ¡tus penas y preocupaciones! ¡Imagina cómo se disuelven y se van por el desaguadero! ¿No es eso liberador?

Sin duda, le pareció una instrucción muy creativa.

Acuérdate de esto, Tenzin: tal vez no puedas escoger la tarea a realizar, pero desde luego puedes elegir cómo la vas a desempeñar.

—Y dime, venerable lama, ¿cómo sabré cuál es mi más noble propósito del que tanto me has hablado?

—Si te levantas con ganas de reemprenderlo donde lo dejaste la víspera, si no te cansas al hacerlo, si llena tu vida como ninguna otra cosa, si te hace sonreír el corazón..., entonces, sin duda, trabajas en tu más elevado propósito –concluyó el maestro.

—¿Y cómo reconoceré mi talento?

—¡Escucha tu corazón! Te enseñará las cualidades en las que destacas y que tú mismo no valoras. Después, pregunta a quienes te conocen bien qué realizas con habilidad y escucha su respuesta, allí está tu don.

—¿Lo que me resulta más fácil?

—En cierto sentido, así es; aunque ten presente que no se hace nada meritorio sin esfuerzo.

Tras esas palabras se hizo un silencio.

A lo lejos, se oía el sonido grave y lastimero de las trompas de los monjes músicos convocando el último servicio religioso del día. Sus instrumentos, llamados *ragdongs*, consistían en largas tubas de bronce que a menudo el joven novicio se paraba a escuchar; pero ahora debía acudir sin demora a la asamblea en el templo principal antes de ser echado en falta.

—Se hace tarde y es hora de regresar a tus obligaciones de *chela*. Vuelve cuando lo desees. Por mi parte, prometo hablar con tus superiores.

—Gracias por tu amable trato y por el *tsampa* –se despidió el muchacho.

A solas, arropado por la calma de la noche, y bajo la luz de la única lamparilla que continuaba encendida, escribió la respuesta a la pregunta de su rival Naropa Trungpa:

«Según mi entender, el lama debería responder de este modo:
»De ninguna manera; pues cuando comes hablas, cuando trabajas piensas en terminar y cuando descansas te olvidas de ti mismo.
»Yo me refería a que cuando camines seas consciente de caminar, cuando comas sepas qué estás comiendo, cuando trabajes te

conviertas en tu tarea y cuando descanses estés presente en tu des-
canso».

Y, seguidamente, planteó la réplica a su adversario:

«A quienes todo lo saben suelo invitarles a tomar té. Lleno su
taza hasta colmarla y después sigo vertiendo té en ella.
»Cuando mi invitado protesta: ¡Está llena! ¡Ya no cabe más!, yo
continúo vertiendo té en su taza.
»Dime, Naropa Trungpa, ¿con qué intención?...».

Dobló el pliego y lo dejó sobre la mesa.
Por la mañana lo haría llegar al monasterio de Sera.

Cuatro

El poder de la confianza

El abad Principal del monasterio, después de consultar el oráculo de Nechung, accedió a la petición del lama de las Cometas para hacer de Tenzin su discípulo. El oráculo constituía una antigua tradición tibetana y era consultado para los más diversos motivos. En ocasiones, no obstante, se acudía al lago de las Visiones, un paraje inaccesible cuyas aguas verde esmeralda devolvían, al ser agitadas, –éste era el prodigio–, señales que los monjes interpretaban. De acuerdo con lo manifestado por el oráculo, el abad dispuso, a partir de ese mismo día, que Tenzin Lonchenpa dedicase parte de su tiempo a la disciplina del vuelo de las cometas. A condición, claro estaba, de no descuidar sus estudios y los principales servicios religiosos. Sus maestros tutores serían responsables de vigilar este extremo e iban a ser muy rigurosos en su cumplimiento.

Antes de ser ordenado monje, a los catorce años, Tenzin estudiaría cuatro materias principales: sánscrito, medicina, arte y filosofía budista. Y cuatro secundarias: gramática, astrología, poesía y música. De todas las disciplinas, la filosofía era la que más tiempo ocupaba.

En un polvoriento y antiguo libro de la biblioteca, Tenzin halló una vieja leyenda de la fundación de la ciudad sagrada de Lhasa, la capital del país de las nieves:

«Nunca una princesa de la corte Tang había sido desterrada al país de las Nieves...».

Aquella historia atrapó su atención desde el principio y excitó su imaginación haciéndole viajar siglos atrás en el tiempo.

«La noche antes de partir, la princesa Wencheng tuvo un sueño en el que se le reveló que, en realidad, las altas mesetas de ese país eran el cuerpo acostado de una diablesa....».

Ensimismado, con el rostro hundido entre las páginas, su asombro crecía al avanzar a cada página. Parecía como si en el mundo sólo existieran él y aquel extraordinario relato.

«Tras consultar a un sabio de la corte, consiguieron hallar el punto exacto donde latía el pérfido corazón de la diablesa...».

¿Lo atravesarían con una lanza?, especuló el pequeño novicio. ¿Qué relación guardaba aquel corazón infame con la maldad de los humanos?, se preguntaba mientras proseguía con su lectura.

«En ese lugar concreto, la princesa desterrada ordenó levantar el templo del Jokhang para anular el mal de su corazón envenenado...».

Ahora comprendía la razón de la devoción del pueblo tibetano por el templo más sagrado del budismo. «Admirable remedio», pensó.

«La princesa Wencheng levantó otros once templos a lo largo del país —todos sobre las articulaciones de la diablesa para sujetarla y para que no pudiese provocar más temblores de tierra al agitarse; y, de este modo, no causar ningún mal».

«¡Tenzin Lonchenpa!» –gritó de pronto una voz muy familiar para él, interrumpiendo su lectura. Se trataba del lama tutor, quien le ordenó acompañarle de inmediato al taller del maestro de las Cometas.

Durante el trayecto, que anduvieron en completo silencio, el muchacho, desconociendo la decisión del abad, temió que aquélla acaso fuese la última vez que se le permitiría ver al anciano lama; y por añadidura, se esperaba un buen castigo del maestro disciplinario.

Cuando llegaron, Guendun Rimpoché se hallaba armando una estructura para la fiesta anual de las cometas. Les recibió con una sonrisa y les invitó a pasar con amabilidad.

—*Tashi delek*–dijo el anciano.

—*Tashi delek* –respondieron ambos.

Los tres se inclinaron en una reverencia. Después, los dos lamas se sentaron en la postura del loto y el maestro tutor habló así:

—Venerable lama Guendun Rimpoché, me es grato transmitirte los saludos del abad y comunicarte su decisión por la cual el novicio Tenzin Lonchenpa será desde hoy reconocido como tu discípulo. Y me encomienda informarte de su voluntad de que le enseñes el arte de las cometas. Transmítele tus conocimientos y haz de él un alumno aventajado y digno de su maestro. Y algún día, ésa es la predicción del oráculo, él te relevará en tu cometido dentro del monasterio.

Los ojos del pequeño novicio brillaron al escuchar aquellas palabras y su expresión cambió por completo. Dio un espontáneo salto de alegría. Apenas podía creerlo: de pronto, su sueño había adquirido alas y levantado el vuelo.

El maestro tutor se volvió hacia él, quien les observaba parado junto a la puerta, y le ordenó:

—Acércate Tenzin, siéntate junto a nosotros. Y ahora escúchame bien: podrás venir aquí cada mañana a la hora del servicio religioso de las nueve, del que estás liberado, justo hasta el mediodía, momento en el que te reincorporarás junto a tus compañeros a la disciplina. Como no es voluntad de nadie que esta decisión sea interpretada como una gracia especial, deberás aplicarte y obtener las máximas calificaciones en todas las materias.

El *chela* asintió entusiasmado, aunque intimidado por el importante compromiso que contraía ante sus superiores.

—La próxima competición aérea ante el monasterio de Sera constituye una magnífica oportunidad para empezar a trabajar juntos —apostilló complacido el lama de las Cometas.

Esta disposición aliviaría las interminables clases de la mañana en las que los novicios repetían sin descanso los *sutras* de memoria. El joven Tenzin solía sentirse aturdido por el griterío de la clase durante la salmodia de los textos sagrados.

—Ahora puedes quedarte —dijo con autoridad el lama tutor— hasta la hora del próximo servicio religioso, al que no debes faltar, pues hoy te corresponde servir el té durante la oración.

»No olvides esto, Tenzin, a partir de ahora tendrás dos grandes responsabilidades: ordenarte como monje y aprender el arte de las cometas. Esto te exigirá un esfuerzo adicional al del resto de tus compañeros. Pero he de decirte que tu desventaja no será tenida en cuenta en las pruebas de ordenación.

Tras despedirle y quedarse maestro y discípulo a solas, ambos celebraron con júbilo la buena noticia.

Por fin, Tenzin, algo más sosegado, respiró aliviado: sus peores expectativas se habían disuelto.

—¿Te das cuenta cómo a menudo las cosas no son lo que parecen?... Debes aprender a tener fe, a olvidarte del resultado y, de este modo, todo lo obtendrás. La verdadera confianza se demuestra en las peores circunstancias, cuando todo parece más desfavorable.

—Bien, ya hemos oído lo difícil que van a ponerse las cosas a partir de ahora hasta mi ordenación como monje –replicó el discípulo.

—Permítele al proceso que haga su aportación y llegue hasta donde tú no alcances.

Puso su mano sobre el hombro de su discípulo y le tranquilizó:

—Las cosas no siempre resultarán tal como las planeaste, pero te aseguro que a menudo los resultados excederán la mejor de las expectativas.

El muchacho se encogió de hombros en un gesto de resignación.

—Reconozco que, cuando venía hacia aquí con el lama, temí lo peor –confesó Tenzin.

—¡Ya me lo imagino! Verás, al igual que una semilla contiene el árbol completo, tu fe encierra todo tu sueño. El campesino sabe perfectamente que lo sembrado brotará cuando corresponda. Por esa misma razón, el pájaro canta poco antes de amanecer, cuando más oscura es la noche.

Acuérdate de esto, Tenzin: la confianza es la energía que conduce los sueños a su realización.

—¡Elijo, entonces, tener fe! —exclamó el muchacho golpeando al aire con el puño.

—Me alegra oírtelo decir; yo tomo esa misma elección cada día de mi vida.

Aquella mañana salieron con una vieja cometa en busca del llano para hacerla volar. El día era luminoso; el tiempo, excelente; y la claridad de la atmósfera extraordinaria: se podía avistar hasta donde los picos quebrados de las montañas lo permitían.

Siguieron el curso del río arenoso de Lhasa, el KyiChu, cruzando los cultivos de cereal que rodeaban la ciudad. Dejaron atrás numerosos montículos de piedras *mani*, piedras que llevan inscrito el mantra sagrado del Tíbet *Om mani padme hum*. Circunvalaron algunos *chörtens* que encontraron en el camino, todos ellos coronados por ristras de multicolores banderas de oración ondeando bajo el viento.

En el Tíbet, era frecuente encontrarlas en todas partes: en los tejados, en los *chörtens*, en las cumbres de las montañas. Azules, blancas, rojas, verdes y amarillas; representaban el cielo, las nubes, el fuego, el agua y la tierra. Los devotos presumían de que, cada vez que el viento las agitaba, las oraciones escritas en ellas se esparcían y se repetían sin fin.

Algunas pequeñas nubes de algodón atravesaron el cielo y, al pasar entre las cumbres de las montañas, se desgarraban en jirones. Un viento frío y cortante despejó el firmamento.

—Ahí es donde yo trabajo —el lama señaló el cielo—. En el Tíbet tenemos un océano azul sobre nuestras cabezas donde pescar, con cometas en lugar de redes, los anhelos que un día cayeron en el olvido.

—Es hermoso el cielo azul, ¿verdad? —afirmó el pequeño novicio.

—Sí, sí lo es.

Por fin, llegaron a uno de los lugares preferidos por el anciano maestro, un paraje despejado y solitario. En el campo de vuelo, cualquier obstáculo –un árbol, una choza…– crea turbulencias en su contorno que ocasionan la pérdida del control de la cometa.

—Lo primero que debes aprender es a identificar la dirección del viento para situarte de espaldas a él. Aprenderás a encontrar indicios por todas partes a tu alrededor. Pero no caigas en el error de fijarte en la dirección de las nubes, pues eso podría llevarte a engaño.

Tenzin tomaba buena nota de todas las instrucciones y asentía mientras se esforzaba por retenerlas.

—En segundo lugar, es necesario estimar la fuerza del viento.

—¿Cómo? –preguntó mirando al cielo sin imaginar el modo de conseguirlo.

—Si el humo de las chimeneas sube vertical, no es un buen día para volar la cometa. Poco viento. Si las banderolas de oración ondean ruidosamente, conseguirás elevarla. Buen viento. Y si los árboles cabecean, entonces, podrás hacerla volar con garantías. Excelente viento.

Y añadió una nueva instrucción:

—Busca un lugar solitario donde no puedas causar ningún daño, ni siquiera a un arbusto. Recuerda que ya estaba allí antes de que llegáramos nosotros con nuestros cachivaches.

»¡Ah!, y procura que el firme sea blando para que no se arruine la cometa en caso de un aterrizaje accidentado.

Encontrar un paraje despejado no resultaba demasiado complicado en el altiplano: paisajes austeros, desiertos helados, tierras deshabitadas…

En cuanto a encontrar un suelo blando, resultaba una tarea más difícil, a no ser que la cometa cayera sobre alguna de las pocas tierras cultivadas, lo que invariablemente provocaba terribles y airadas protestas de los campesinos.

—Y algo más, no es conveniente hacer volar las cometas en la cima de las montañas, semejante atrevimiento podría irritar a los dioses de la lluvia y castigar a los osados con un aguacero. Por fin, eligieron el lugar adecuado para elevar la cometa. El maestro corrigió los errores de su discípulo, razonando todas sus observaciones.

—Por el momento, debes limitarte a dirigir con las manos. Más adelante, ya te enseñaré a desplazarte hacia delante para disminuir la velocidad de vuelo o hacia atrás para acelerarla. Ahora, quiero que tus pies echen raíces como si fueras un árbol que se balancea bajo el viento.

Pero, como buen discípulo, el muchacho deseaba saberlo todo y sin demora. Apenas cerraba un interrogante, abría otro.

—Modera tu impaciencia, apreciado Tenzin —observó el anciano lama—. Aquieta la agitación de tu mente.

—Es algo incontrolable que forma parte de mi naturaleza.

—¿Puedes expresar tu impaciencia después que ya pasó?

—No. Siempre sucede de forma espontánea.

—¿Entonces? Si es algo que viene y se va, no naciste con ello. Di más bien que es una reacción que aprendiste. Y por la misma razón puedes desprenderte de ella cuando te lo propongas.

Acuérdate de esto, Tenzin: la impaciencia es el deseo de llegar al resultado sin pasar por el proceso que conduce a él.

Durante el camino de vuelta al monasterio, Tenzin —vigorizado por el ejercicio— podía pensar con mayor claridad. La actividad física agudizaba su mente y centraba su espíritu. «Caminar entre las montañas concede la paz», pensó para sí.

Ya en la lamasería, se despidieron en una de las empinadas calles de la ciudadela de Drepung. Maestro y discípulo se dedicaron una mutua y respetuosa reverencia.

A esa hora del mediodía, los novicios llenaban el *choe-ra*, el gran patio porticado de la ciudad monástica, enfrascados, bajo la sombra de los sauces, en inacabables argumentaciones sobre las lecturas de la mañana. En realidad no discutían, simulaban un debate. Pero aun así, la repetición de los textos sagrados, aprendidos de memoria, agradaba sobremanera a los monjes maestros.

Mientras eso ocurría, no lejos de allí, en el monasterio de Sera, Naropa Trungpa escribía:

«Honorable maestro de las Cometas del monasterio de Drepung, la respuesta es:
La mente del principiante está vacía y, por lo tanto, llena de posibilidades.
Y las opiniones del experto no le permiten considerar nada diferente. Entonces, ¿cómo aprender algo nuevo?
Tal y como enseñan los textos: "En la mente del principiante hay muchas posibilidades, pero en la del experto, muy pocas".
La taza simboliza la mente llena de creencias preconcebidas que no permiten que nada nuevo entre en ella a menos que se vacíe antes».

Ahora permíteme desafiarte a mi vez –y escribió lo siguiente:

«Dos monjes bordean un río y en su orilla encuentran a una hermosa joven que no se atreve a cruzar. Uno de los monjes, que conoce la poca profundidad del río, la lleva en brazos hasta la otra orilla.
Por la noche, su compañero le recrimina: "A los monjes no nos está permitido acercarnos a una mujer. ¿Cómo pudiste llevarla en

brazos?". Y el otro monje le contesta: "De los dos, tú incurres en falta y no yo".

Dime, apreciado Guendun Rimpoché, ¿por qué aquél incurre en falta?».

Cinco

El sendero del desapego

No hay un lugar mejor para hacer volar las cometas que el altiplano del Tíbet, el país del viento. Su cielo transparente, de un azul vivísimo, sostiene las cometas y los sueños para acercarlos a los dioses. Éstos los contemplan con ternura y compasión, les dan aliento y les susurran: «Creced, haceos grandes...». Y luego los bendicen, posándolos con cuidado sobre la tierra como una semilla de futuro.

Una vez más, maestro y discípulo marcharon hacia el campo de vuelo. Poco a poco, el monasterio se fue quedando atrás, lejano. En su ruta, pasaron junto al Nyethan-Buda, una gran imagen esculpida y pintada sobre una roca, a la que dedicaron una respetuosa reverencia.

Durante el camino, Tenzin escuchaba los comentarios que su maestro le dispensaba acerca de la sabiduría del viento. En la naturaleza, todo proclamaba su existencia al resto de la creación y revelaba su valiosa enseñanza a quien quisiera escucharla.

«La ventana de vuelo es una bóveda imaginaria que encierra todas las posibles posiciones de la cometa».

El Universo es un vasto océano de sabiduría latente y de infinita potencialidad creativa que anhela descender a la densidad de la forma. En el campo de la totalidad de las posibilidades, cada sueño aguarda su gran oportunidad para convertirse en algo real. Y parpadea para existir buscando un soñador que le dé la vida.

«La cometa responde con rapidez en el centro de la ventana y con lentitud en los extremos del campo de vuelo. La maniobra de aterrizaje debe iniciarse en esa zona…; y entonces; hasta que se posa en el suelo, el tiempo parece detenerse».

Cuando Tenzin ingresó en el monasterio, todo era nuevo para él y, en consecuencia, los días transcurrieron fugaces. Después, el tiempo pasó con lentitud. «¡Precisaría muchas vidas para llegar a conocer los ciento ocho libros sagrados del budismo!», pensó. Hasta que un día, de pronto, descubrió lo que más amaba en este mundo; y entonces, el latido de su corazón se aceleró. Y el tiempo dejó de existir.

«En los límites de la ventana de vuelo, podrás hacer planear la cometa, siempre que aproveches las corrientes, pues allí es fácil desventarla y por consiguiente perderla».

Aquellos que, en medio de las dificultades, disuelven su aflicción se hacen suaves y tiernos. Al abrirse al dolor, permiten que éste llegue y se vaya. Los conflictos y las situaciones límites tienen el poder de despertar capacidades desconocidas y revisten de coraje al corazón. En el plano espiritual no se afronta ningún desafío cuya enseñanza no comporte una transformación interior.

«Un obstáculo –un árbol, una colina, una casa– crea una gran turbulencia de ocho veces su altura. Que las resistencias no se puedan ver no quiere decir que no existan».

Ninguna intención consciente cae en el olvido sino que, según la ley de la potencialidad infinita, un gran poder organizador crea experiencias acordes abriéndose paso en un aparente caos en el que, sin embargo, todo sigue un orden preciso. Las casualidades significativas son la manifestación de ese orden perfecto e invisible a los ojos.

Tras llegar a la llanura del campo de vuelo, descargaron de lomos de los ponis tibetanos los bultos con todo el material necesario y la jaula del avecilla. Seguidamente, armaron con precisión las partes de la cometa encajando las varillas de madera, los tensores de velas y después las propias velas. Y por último, aseguraron las bridas que sujetaban los cables de mando.

La cometa, un prisma hexagonal, era tan grande que en su interior cabría a la perfección un hombre de pie. Su extensa vela le otorgaba una gran estabilidad en el vuelo. Por el contrario, por esa misma razón, carecía de margen de maniobra en el giro.

Antes de elevarla, fijaron en el centro de la cometa una jaula que contenía en su interior un tordo rojo. Aquella ave había pasado la mitad de su existencia en libertad y la otra en cautiverio. Había llegado al mercado del Barkhor de Lhasa en una caravana de mercaderes nepalíes.

Ahora se agitaba asustada dentro de aquel extraño artefacto volador.

El maestro de las Cometas elevó la cometa y la mantuvo en los límites de la ventana de vuelo para no encaramarla hasta el cénit de su alcance de un modo brusco. Debido a su gran peso, no podía sacarla del viento y volver a ponerla en él con rapidez, como hacía con las cometas de pequeño tamaño.

Habían previsto que la fuerza de la gravedad y las sacudidas de la ascensión abrirían la puerta de la jaula y el pájaro, una vez libre, remontaría el vuelo. Sin embargo, no ocurrió lo previsto y la jaula no se abrió. Algo parecía no ir bien, de modo que el lama resolvió cancelar el ensayo y le indicó a Tenzin que maniobrara el descenso.

Una inoportuna racha de viento golpeó la cometa desequilibrándola. Tras balancearse de un lado a otro, perdió altura con rapidez. A pesar de sus intentos, Tenzin ya no consiguió recuperar el control y el maestro, que tomó de nuevo las bridas, poco pudo hacer.

La estructura se desplomó sobre el suelo mientras ambos contemplaban la escena impotentes. La cometa apenas hizo un leve crujido al estrellarse, pero en el interior de Tenzin aquel estropicio sonó como una auténtica calamidad.

El ensayo acabó en el desastre.

Ahora, la prodigiosa cometa yacía arruinada en el suelo como un gigante inmóvil, sin viento y sin orgullo.

Tenzin corrió hasta lo que quedaba de ella. Su corazón se encogió.

La jaula de madera se había deformado y el tordo había muerto en su interior.

Con el rostro cubierto por las lágrimas, regresó con los brazos extendidos y el menudo cuerpo del ave entre sus manos.

El anciano lama la recogió con un pañuelo blanco de seda que sacó de su túnica y, tras envolverla con delicadeza, la subió a lo alto de una colina para rendirla a los buitres.

En el Tíbet existe una antigua creencia según la cual todos los seres sensibles poseen un espíritu que se reencarnará en su próxima vida en un ser de condición superior.

—Ha muerto en este plano y ha nacido en otro más elevado —le hizo ver el maestro—. El nacimiento y la muerte no son principio ni fin.

El joven bajó su mirada y contestó:

—Lo sé, maestro; y sin embargo ¡me apena tanto su muerte!

—Desapégate de la emoción negativa que de modo inconsciente pretende modificar lo no deseado; y a la vez, mantiene tu identidad de persona dolida.

A pesar de que ciertos monjes del monasterio dedicaban sus oraciones a los animales, Tenzin rezó una plegaria para que el tordo se reencarnara pronto en un ser de naturaleza más elevada.

Se sentaron en la orilla del río Tsangpo y permanecieron un buen rato en silencio ensimismados en sus pensamientos y arropados por el murmullo continuo del agua.

Poco a poco, la expresión de los ojos de Tenzin se hizo triste: dos lágrimas recorrieron su rostro.

—También yo lloré un día —le consoló el maestro con ternura—. Hasta que me di cuenta de que en el lecho del río corrían lágrimas de ojos aún más tristes que los míos; y entonces, descubrí que al tratar de aliviar sus penas me olvidaba de las mías.

El maestro intuyó la tentación de abandonar en su discípulo y, anticipándose a su lamento, le dijo:

—Y bien, querido *chela*, ¿no estarás renunciando a tu sueño demasiado pronto? Con frecuencia rechazamos aquello que posee el don de sanarnos el corazón.

—He fracasado en mi intento. Fíjate en las consecuencias. No sé si quiero seguir con esto —afirmó apesadumbrado por la muerte del avecilla.

Acuérdate de esto, Tenzin: no existe el fracaso hasta que tú mismo calificas una valiosa experiencia de aprendizaje de ese lastimoso modo. Los abandonos prematuros son la única causa de fracaso.

—Déjame decirte algo de soñador a soñador: no abandones. Conozco bien el dolor de la pérdida; pero, a menudo, el camino de la transformación no resulta fácil.

»Ahora, sólo te ruego que no te precipites. Muchos hombres olvidan su sueño a lo largo del camino y ya nunca hacen nada para atraparlo. Y en sus últimos días se preguntan afligidos en qué se les fue la vida.

—Se sienten tristes... –convino con él.

—Y decepcionados...

—Creo que tienes razón –concluyó el novicio.

—Tenzin, sé fiel a tus sueños. Fueron puestos en tu corazón por algún motivo. Aquello que amas, te ama; y no te defraudará en absoluto. Al contrario, transformará profundamente tu vida y la elevará.

Dos pájaros se posaron sobre un arbusto cercano y les contemplaron con curiosidad, sin mostrar ningún temor por su presencia; un instante después, levantaron el vuelo.

—¿Y si lo ocurrido fuese un mal augurio?, una señal quizás... –propuso el joven novicio.

—¿De verdad lo sientes así? ¿O es sólo una excusa? No te rindas mientras sientas que no has terminado con tu cometido.

—De acuerdo, lo intentaré de nuevo pues ésa es tu voluntad –concedió.

—¡La de tu corazón, no la mía! Sólo debes elegir hacer aquello que te haga sentir en paz y bien contigo mismo.

Y aún agregó:

—Intentarlo no sirve, hazlo. No lo lograrás si sólo te implicas, es preciso que te comprometas.

Acuérdate de esto, Tenzin: el fracaso no existe, es sólo el espacio de tiempo que media entre un intento y el siguiente.

—Quizá tengamos mejor suerte la próxima vez —dijo Tenzin lanzando una piedra plana sobre la superficie del río: botó una, dos, tres veces...

—Tal vez. No confiaremos en la buena suerte, sino en trabajar con el problema para transformarlo.

—¿Y cómo vamos a saber cuál será el intento definitivo? —mientras formulaba su pregunta, su mirada se extravió más allá de la otra orilla.

—¡Ah!, esa respuesta deberás encontrarla tú mismo. ¡Para cruzar la puerta correcta antes hay que llamar a muchas puertas equivocadas!

»Tu salto de fe te conducirá hasta el logro; pero darlo te corresponde a ti: al héroe que hay en tu interior. Atrévete aun sin conocer todas las respuestas, ¡sigue adelante!

—Seguir adelante... ¿con la fe nada más? ¿Con eso basta?

—La fe es precisamente el embrión del sueño. Empieza con un primer paso. Después de éste, ya descubrirás en qué dirección debes dar el siguiente. Lo que necesites, cuando lo necesites, allí estará para ti. No te importe no ver el final de tu trayecto, ¡ni saber siquiera si éste existe! Ten presente que uno no se pierde tanto como cuando cree conocer bien el camino.

El anciano sabía por propia experiencia que la pretensión de saberlo todo por anticipado era la señal de la desconfianza del ego en el proceso en su inútil afán por controlarlo todo.

—¿Aun si tropiezo y me equivoco? —inquirió.

—Aun así. Muchos pequeños errores conducen a grandes logros, joven *chela*.

De vuelta al monasterio, revisaron de nuevo los planos de la cometa y concluyeron que eran necesarias profundas modificaciones.

—Alégrate, vamos a aprender algo de esto –dijo el lama–. ¿No es estupendo?

—Pero… ¡eres el maestro de las Cometas!, ¿no lo sabes ya todo?

—¡Ni mucho menos! Sólo un buen maestro es capaz de aprender su labor cada vez que la ejecuta. Su mente también está llena de dudas, pero no sucumbe a ellas.

—¡Vaya forma de darme ánimos! ¡Siempre aprendiendo! –exclamó lamentándose de la perspectiva de no llegar a saberlo todo por días que viviese.

—¡Oh, desde luego! Mientras respires hay algo por aprender. El aprendizaje es subir por una escalera de infinitos peldaños. Todo depende de dónde desees detenerte en tu ascensión y de si te produce vértigo o no ir más allá.

»Si un sueño no te ofrece nada que aprender, es porque es demasiado pequeño. No temas albergar un gran anhelo; si fue puesto en tu corazón, es porque eres capaz de hacerlo realidad.

Por un instante, el pequeño novicio imaginó aquella escalera infinita adentrándose en las nubes, atravesándolas, fantástica e imponente. La subiría saltando los escalones de dos en dos, de tres en tres…

—Maestro, ¿cómo sabré si he aprendido?

—Cuando no te formules esa pregunta, cuando no te resistas a lo que es, cuando otros tomen tu ejemplo, cuando puedas practicar en las peores circunstancias…, sólo entonces podrás afirmar que has aprendido bien.

Tenzin se arregló y estiró la túnica y dijo en un suspiro:

—¡Ojalá lo logremos la próxima vez!

—Si no lo conseguimos en esa ocasión, será en la siguiente, o en la otra… No ha de importarnos si tarda: nuestra determinación es más fuerte que cualquier obstáculo. Incluso, si no lo logras, eso también es tu práctica espiritual.

A pesar de aquellas palabras alentadoras, por la mente de Tenzin cruzó cierta desesperanza y frustración. Se sentía triste.

—¡Pobre avecilla! –lamentó–, ¡No olvido que mi torpeza causó el accidente!

—De algunas pérdidas nunca sabremos por qué ocurrieron. A veces, la vida te quita lo que más amas, pero por otro lado también te da lo que más necesitas. Debes saber que ninguna experiencia se encuentra libre de efecto y tampoco de causa. Hay una razón para todo, el caos aparente es sólo una visión desenfocada de un profundo y sutil orden.

—Quería que saliese como planeamos…

—Yo también, Tenzin, pero no vamos a caer en la desesperanza. Si hay algo que he aprendido es a mantener el centro en medio de la confusión.

»Tu apego al resultado es un lenguaje que la vida no comprende en absoluto. Y no se puede conseguir nada hasta que cesa la necesidad ansiosa por obtenerlo. En el momento en que eres consciente de tu apego, ya has empezado a librarte de él. Basta con observarlo. ¡Y así es!

El muchacho se quedó pensativo unos instantes.

—¿Puedes comprenderlo?

—Creo que sí –las palabras del anciano resonaron en su corazón como una antigua verdad.

—Cuando estés seguro, vuelve y continuaremos con nuestro trabajo.

Y dijo aún:

—Atiende bien, pequeño *chela*, si echas agua limpia en una jarra enlodada, se enturbia; no importa lo pura que era al ser vertida.

Se había hecho tarde. El maestro guardó los planos de la cometa y lo despidió:

—Regresa cuando desees, pero antes ¡limpia la jarra!

Ambos sonrieron.

Guendun Rimpoché se sentó en su mesa de trabajo y escribió la respuesta al mensaje de su rival de Sera:

«La falta es del monje que llevó a la muchacha en el pensamiento durante todo el día y no del que la dejó en la orilla y ya no volvió a pensar en ella después».

Y seguidamente planteó:

«Un maestro reunió a sus discípulos y les dijo: "No me preguntéis más sobre vuestras elecciones porque no sabría qué deciros. Sobre mí también se ciernen las dudas y la oscuridad ante cada decisión que he de tomar".

Sus discípulos protestaron: "Si tú, que todo lo sabes, dudas, ¿qué será de nosotros en nuestra ignorancia?".

El maestro respondió lacónicamente: "No lo sé, no puedo saberlo. De lo único que estoy seguro es de que me rodea la oscuridad. Sólo puedo deciros: bebed agua y comprendedlo por vosotros mismos"».

¿Qué enseñanza encierra su actitud?».

Después, envolvió su mensaje en un pañuelo de seda como muestra de respeto y se lo hizo mandar.

Seis

Los peldaños del aprendizaje

En los días siguientes, trabajaron duro. Agregaron alas a la estructura para proporcionarle una mayor estabilidad. Reforzaron el hilo, aun a costa de aumentar el peso soportado; y, de ese modo, reducir su elasticidad y mejorar el control. Finalmente, remendaron los rotos del velamen cosiéndolos con recios pelos de cola de caballo hervidos. Sin embargo, aún no habían resuelto el problema principal sobre cómo abrir la jaula y liberar al ave manteniendo la cometa en el aire.

Hallándose de nuevo en el campo de vuelo, el maestro comprobó la dirección del viento por el humo de unas piras, tan frecuentes en el viejo Tíbet y avivadas por los peregrinos. En su peregrinaje a Lhasa, a cada tres pasos, se inclinaban hasta tocar el suelo con la frente.

A más postraciones, más profunda la purga de las malas acciones pasadas y más méritos acumulados para alcanzar una mejor reencarnación.

Una vez armada la cometa, se situaron de espaldas al viento para proceder a elevarla. Con el primer tirón, ascendió con rapidez, brillando bajo el sol como un gran pájaro de una era antepasada en medio del azul puro del mediodía.

—¡Ayúdame, vamos a manejarla entre los dos!

Tenzin agradeció aquel inesperado gesto de confianza. Aun así advirtió:

—Para eludir un nuevo accidente y evitar que se embrollen los cables otra vez, deberías estar atento a lo que hago.

—Todo lo contrario. Si queremos prevenir un incidente, tú debes estar pendiente de ti y yo de mí –sentenció el lama de las Cometas.

Después ensayaron el aterrizaje llevando la cometa hacia un lado de la ventana de vuelo. El maestro le mostró cómo, al avanzar unos pasos, la tensión del cable disminuía y la cometa descendía dócilmente. Al acercarla al suelo, la hizo girar hasta que ésta se quedó orientada hacia arriba y la posó en posición vertical.

Una vez dieron por concluidas las pruebas de la jornada, realizaron una meditación en movimiento, consistente en una caminata por la ladera de una montaña. A medida que ascendían por el desfiladero, el aire se iba enrareciendo, exigiéndoles a cada paso un sobreesfuerzo.

Alcanzada la cumbre, el maestro gritó: «¡La, so, so, so, so!», como era tradición entre los tibetanos al coronar una cima. Entusiasmado, Tenzin le imitó gritando aún más fuerte. Después, ambos se sentaron para recobrar el aliento inmersos en un profundo silencio.

Desde lo alto, podían divisar las figuras doradas en los tejados de la lamasería; y más allá, la ciudad de Lhasa junto al palacio del Pótala, como una bella miniatura. Abajo, en medio del valle, se distinguía un rebaño de corderos azules del Himalaya pastando plácidamente, y a unos niños recogiendo bostas de *yak* mientras dirigían el ganado lanzándole certeros guijarros con sus hondas. Por encima de sus cabezas, las montañas circundantes de cimas nevadas parecían custodiar la paz de todo aquello que constituía su pequeño mundo.

El anciano lama rompió el silencio hablándole así:

—Si miras el cielo y acallas tu mente, escucharás el murmullo de la creación y encontrarás todas las respuestas que buscas.

Pero Tenzin no pudo dejar de recordar el triste incidente, y una lágrima descendió por su rostro con su amarga enseñanza.

El anciano maestro afirmó:

—Si hay algo seguro, es que todo está sujeto al cambio. La vida es pródiga tanto en quebrantos como en recompensas. Asumirlo hace que finalmente el dolor te atraviese y se vaya... Debemos aprender a aceptar las pérdidas inevitables.

—Aun así, me resulta doloroso.

—Aceptar lo que llega y soltar lo que se va es la obra maestra del espíritu templado. Nuestras vidas, como las cometas, se sostienen de un fino hilo, frágil, y de resistencia impredecible.

»Todos hemos de abandonar esta escuela de la vida algún día, pero, hasta entonces, lo que de verdad cuenta es cuánto amor entregamos en cada uno de los días que nos son concedidos.

Una ráfaga de viento levantó el faldón de sus túnicas cubriendo sus cabezas rapadas. Unos nubarrones atravesaron el cielo y se hizo un profundo silencio en las montañas de Buda, a través del cual sólo podía oírse el rumor del viento.

—Ya es hora de que te perdones tus supuestas culpas. Los errores nos sirven de peldaños y cometerlos forma parte de la experiencia humana.

—Sin embargo, venerable maestro, nuestra tarea en la vida monástica es la búsqueda de la perfección. ¿No es así?

—En absoluto. ¡A nadie le llega el día de la perfección!

Tenzin se lo repitió a sí mismo como para grabar a fuego aquellas palabras en su mente. Por un momento, deseó que sus maestros en la lamasería pensaran igual que el anciano y no fuesen tan exigentes.

—Aprende a reconocer tus límites, joven *chela*. Y nunca consideres inferior a quien encuentra su límite justo por debajo del , pues sólo significa que aprendió su lección un poco antes.

Acuérdate de esto, Tenzin: no nacimos a la vida para ser mejores que los demás, sino para ser mejor persona de lo que fuimos la víspera.

—Aclárame, maestro, ¿qué tienen de bueno las limitaciones? —replicó confundido.

—Llegan hasta ti para que las conviertas en una oportunidad de trascender tus límites. Ésta es la tarea del espíritu encarnación tras encarnación.

—Pero, ¿cómo puedo despojarlas del poder que ejercen sobre mí?

—No reacciones con rechazo, sino admitiendo tu vulnerabilidad. Esa actitud suavizará la dificultad y te dará una gran fortaleza.

—Entonces, ¿es posible ser fuerte desde la fragilidad?

—Sin duda, la ventaja siempre será tuya si basas tu fuerza en la ausencia total de temor.

El muchacho se sintió desconcertado por aquella chocante afirmación.

—Cuando siento miedo, lo miro de frente y le hablo —concedió el maestro—. Le doy las gracias por intentar protegerme pero, enseguida, le recuerdo que no le permitiré dirigir mis acciones.

Los ojos de Tenzin se posaron en una montaña donde los devotos habían escrito con piedras encaladas el *mantra* de las sílabas simientes. La palabra *Om,* la semilla de la creación, el primer sonido, resonaba desde el origen del Universo y su vibración rememoraba el principio de todo.

—Unas veces se gana y otras se pierde, querido *chela*; y en ambos casos, casi nunca ocurre nada. A fin de cuentas, el significado de cada situación está en el avance espiritual que comporta y no en su desenlace.

—Entonces, maestro, indícame cuál es la actitud para sobreponerme a mis pérdidas.

—El modo de superar el dolor del espíritu es crear sobre los cimientos de ese sufrimiento algo positivo y con significado. Transformarlo con una actitud creativa y reinterpretar lo sucedido hasta llevarlo al amor.

Acuérdate de esto, Tenzin: aun si «pierdes», nunca pierdas la lección que toda experiencia lleva adherida.

Después añadió:

—Y cuando la pérdida que sufras sea material, piensa que el día en que mueras deberás abandonarlo todo. Así que separarte de ello en vida sólo significa hacerlo… ¡un poco antes! –dijo el lama con su jovial sonrisa.

—Un poco antes… –repitió Tenzin poniendo expresión de obviedad.

Descendieron de nuevo al valle y, tras recoger el material de la cometa, emprendieron su regreso al monasterio.

En el camino, se cruzaron con un monje que avanzaba a gran velocidad, con la expresión ausente, mientras repetía un extraño mantra que acompasaba con su marcha.

Ambos tuvieron que apartarse a un lado del sendero para dejarle paso. Tenzin, sorprendido por aquel singular encuentro, obtuvo esta asombrosa explicación de su maestro:

—He aquí un *lungompa,* un monje viajero en trance. Tal vez lleve días o semanas sin detenerse ni siquiera para tomar alimentos. El mantra que recita pretende liberar su mente de sus apegos. Semejante proeza física requiere de un gran control y una admirable preparación espiritual.

Cuando por fin llegaron a la lamasería, el maestro propuso:

—Vamos a meditar y a pedir orientación. Entreguemos el problema que nos ocupa, no con la esperanza de que se resuelva por sí solo, sino para que sepamos encontrar su solución, sea o no de nuestro agrado.

—¿Y después…?

—Después actuaremos en consecuencia. La acción revela las oportunidades.

Un instante de silencio.

—Con franqueza, venerado lama, me resisto a confiar en que todo vaya a resolverse sin más —dijo al fin el discípulo.

—Reflexiona Tenzin Lonchenpa, ¿cómo se te va a entregar un problema sin que puedas aprender el modo de resolverlo? ¿Cómo se te podría formular una pregunta sin proponerte una respuesta adecuada?

Su tierno corazón aún había de aprender que un sueño despierta los recursos necesarios para poder cumplirse. Y que en su realización, las dificultades para llevarlo a cabo aumentan la talla espiritual de quien las afronta como un desafío y no como un fastidio.

Acuérdate de esto, Tenzin: bendice el lugar preciso del camino donde tropieces y caigas, pues allí se encuentra tu tesoro.

Sin embargo, confiar en que los problemas llevan adherida una solución adecuada era demasiado para su mente infantil.

—¿Y cuando no hay una solución posible?

—Entonces se trata de una inevitable fatalidad, no de un problema que resolver. ¿Para qué preocuparse?

El pequeño novicio se reunió con sus compañeros para realizar el servicio religioso en el templo principal del monasterio.

La capilla estaba dominada por una grandiosa imagen dorada del Buda. Esta figura, y muchas otras, estaban rodeadas con pañuelos blancos de seda e iluminadas por infinidad de lámparas de llama vacilante. Los altares estaban atiborrados de ofrendas, algunas comestibles. Las velas eran alimentadas a diario por los novicios que derramaban en sus receptáculos manteca rancia. Éstas constituían la única iluminación y mantenían la estancia en una penumbra mística. En el ambiente, los aromas del incienso quemando y de la manteca de *yak* se mezclaban creando un olor penetrante que lo impregnaba todo.

Las paredes estaban profusamente decoradas con tapices y pinturas al fresco. Las columnas, pintadas en vivísimos colores, sostenían las ennegrecidas vigas del techo de las que colgaban soberbios *tangkas*. Puertas y ventanas estaban cegadas por cortinajes de lana negra de *yak* y dejaban sumida la gran sala de oraciones en la oscuridad. Aquí y allá, tejido o grabado, el símbolo del *nudo infinito* rememoraba el enlace necesario entre las enseñanzas y su práctica diaria.

Acólitos y monjes recitaban *mantras* que salmodiaban balanceando sus cuerpos adelante y atrás al compás de sus cánticos. Estas letanías quedaban envueltas, a cada tanto, por el sonido de pequeñas campanas y por un estridente címbalo para ahuyentar el sopor. Las salmodias recitadas poseían una misteriosa energía que se activaba con la simple repetición. Al fondo de la sala, unos monjes de avanzada edad rezaban con voces graves y profundas. La anárquica música sagrada no pretendía crear armonía, sino un clima de abstracción apropiado para la meditación. A un lado, dos monjes trabajaban absortos en un gran mandala.

Después del servicio religioso, cumpliendo su deber de novicio, Tenzin se ocupó de añadir unas cucharadas de mantequilla a las lámparas para avivar su llama. Frente a cada imagen, unía las palmas de las manos, vaciaba la pelliza de grasa, tocaba con la frente los pies del Buda y pasaba a la siguiente capilla.

Uno de los frescos del templo representaba la más importante revelación recibida por el Buda: *Las Cuatro Nobles Verdades.* Tenzin recordó la que fue su primera enseñanza en el monasterio:

La *Primera* declara: «En la vida acontece el sufrimiento por las pulsiones del propio ego y el rechazo a los cambios. El sufrimiento es inherente al placer por no poder mantenerse éste indefinidamente».

La razón de este sufrimiento constituye la *Segunda:* «La causa del sufrimiento son los deseos inmoderados y los apegos a las cosas y a las personas, puesto que todo está sujeto a la impermanencia y la transformación incesante. No aceptar esta verdad inmutable conduce inevitablemente al sufrimiento».

El cese del sufrimiento llega con la *Tercera:* «El sufrimiento puede ser mitigado a condición de aplacar los deseos inmoderados del ego. Y la condición es observar con distancia los apegos y dejar de identificarse con ellos».

Estas tres verdades confluyen en la *Cuarta:* «Es posible atemperar los deseos apegados, la adicción al "yo", las resistencias del ego, y controlar las pasiones inmoderadas a través del justo pensamiento, la justa actitud y el justo proceder».

Un mensajero llegó, a la carrera, hasta la casa del maestro de las Cometas con un correo del monasterio de Sera. Entre jadeos, le rindió un rollo de papel envuelto con un pañuelo de seda blanca.

Guendun Rimpoché le concedió un bien merecido descanso mientras leía la respuesta de Naropa Trungpa que decía así:

«Sólo quien bebe el agua puede decidir si está fría o caliente. Del mismo modo, la naturaleza del "yo" únicamente puede ser

comprendida por uno mismo. Ninguna persona necesita las explicaciones ni las experiencias de los demás, más que las suyas propias, para hacer sus elecciones».

El mensajero, que aún resoplaba, apoyó su mano en el quicio de la puerta. Pero, como ya sabía el anciano lama, aquél exageraba el gesto para darle más importancia a su cometido. Cuando obtuvo permiso, se marchó de nuevo a la carrera para concluir su mandato.

A solas el maestro, tomó la hoja doblada, la extendió y siguió leyendo:

«Un novicio que trataba de dar respuesta a través de la lógica a sus dudas inquirió a su maestro de este modo: "No entiendo tu silencio ni tu negativa a darme respuestas". El maestro puso en su mano una astilla y le respondió: "Pon una gota de agua en la punta de esta astilla". "¡¿Eso no es posible!?", replicó el novicio».

«¿Puedes decirme qué trataba de enseñarle?».

Firmado, Naropa Trungpa.

El anciano entró en su casa cerrando la puerta tras de sí, mientras en su mente resonaba esta pregunta: «¿A qué podía referirse?».

Siete

El sueño crece

Lo tengo!, ¡por fin lo conseguí! –voceó Tenzin mientras se colaba como una exhalación en el taller del maestro de las Cometas.

—¡Modérate, impetuoso joven! Ahora, sal y pide permiso para entrar; y, cuando por fin te hayas serenado, me cuentas sin atropellos cuál es ese asunto tan urgente.

El muchacho obedeció a su maestro desandando de mala gana sus pasos. Esta vez, llamó a la puerta, la abrió y su rostro asomó detrás de ella.

—*Tashi delek* –saludó con una reverencia.

—Adelante, Tenzin –le correspondió–. Bien, mucho mejor así. Bueno, entra de una vez y dime qué fuego arde en tu interior. ¡Intentaremos apagarlo!

—¡Maestro, encontré la solución al problema de la jaula! ¡Sé cómo hacer para abrirla en pleno vuelo!, ¡incluso en el momento justo!

—Tranquilízate y habla, te escucho con atención.

—Ayer, durante el último servicio religioso, estuve fijándome en cómo se consumían las barras de incienso en uno de los altares del templo.

—Explícate…

—Se convertían en cenizas y humo, cuando unos instantes antes… ¡eran algo sólido!

—¿Y?

—Quemaban lentamente y eso les llevaba un tiempo determinado. Entonces no le di importancia a ese detalle, pero sí más tarde.

—Prosigue y dime qué fue lo que advertiste después.

—Por la noche, cuando me acosté, me asaltaron ciertos interrogantes sobre la cometa: «¿Qué no es aún perfecto?, ¿qué podría hacer que lo fuera?». Abrumado por la duda, me dormí con esas preguntas en los labios.

Ambos se acomodaron sobre unos grandes y roídos almohadones.

—Durante la noche –prosiguió–, tuve un sueño lúcido. En él, un ave se posó sobre un altar del templo y me reveló que una barra de incienso, usada como pasador, se descompondría por sí sola al consumirse.

Hubo un instante de silencio.

La expresión del anciano pareció iluminarse. Y, entonces, exclamó:

—¡Me parece una idea espléndida, Tenzin Lonchenpa! ¡Te felicito!

—¡Gracias! Aunque el mérito no es mío, sino del ave, tal vez el espíritu del avecilla que murió, quién sabe. En fin, la idea nos sirve: si utilizamos una barra de incienso como eje de cierre, sólo deberemos calcular el tiempo que tarda en agotarse: ¡la puerta de la jaula se abrirá por sí sola!

Para facilitar la tarea, decidieron orientar la puerta hacia abajo para aprovechar la fuerza de la gravedad.

—¡Vamos a ganar!, ¡tenemos que ganar el concurso! –exclamó Tenzin agitando los brazos entusiasmado.

El anciano maestro le hizo ver enseguida la inconveniencia de aferrarse ansiosamente a un logro.

—El sabio —afirmó Guendun Rimpoché con voz suave— no evalúa el posible éxito o fracaso, se orienta hacia su objetivo y se encamina a él con determinación. Hace lo que debe al margen del resultado.

El pequeño novicio carraspeó y se arregló el faldón de la túnica avergonzado por aquella observación sobre su comportamiento.

—Ni nosotros tenemos importancia como para atribuirnos una victoria, ni la ganancia, si acontece, la tiene. El éxito adquiere sentido cuando lo sientes en tu interior, con independencia de lo que ocurre afuera —afirmó con aspecto solemne.

Y, con una sonrisa, agregó:

—Aunque admito que me alegra verte dichoso, es tu entusiasmo lo que confirma tu meta. ¡Veo a la vida sonreír a través de tu afán!

Tenzin aún se sentía avergonzado por su arrogancia, impropia de un novicio llamado a recibir una educación relevante. Ésa era una actitud más natural de un simple muchacho de su edad que de un *getsul* o *chela* que aspiraba a ser ordenado monje.

—Tenzin, desvincúlate del resultado, no ejerzas presión en él. ¿No te das cuenta de que la desesperación lo estorba y lo aleja? ¡Fluye y ríndete! La rendición no significa abandonar, ni mucho menos, sino dejar de estar controlado por el resultado. Haz tu vida, y cuando te desapegues de él, éste te alcanzará.

—Entonces, ¿importa para algo la voluntad? —preguntó desconcertado por aquella paradoja y sin que su mente infantil comprendiera a dónde pretendía llegar el anciano lama.

—El libre albedrío es un derecho innato y, por esa razón, debemos decidir sin condicionantes. Los arreglos forzados, a la larga, terminan siempre por crear problemas mayores.

»Recuerda que el poder de la desvinculación es formidable; aunque, en apariencia, sea una contradicción. Cuando hayas realizado todo lo que está en tu mano, entonces, desapégate del resultado y confía. Más pronto que tarde, el resultado sobrevendrá.

Acuérdate de esto, Tenzin: nada llegará hasta que no «sueltes» la necesidad ansiosa por conseguirlo. La desvinculación tiene el poder de atraer y manifestar tus sueños.

Dicho esto, el anciano lama se levantó para desentumecer sus piernas y avivar el fuego echando algunas bostas de *yak*. La estancia no tardó en recuperar una temperatura agradable y el característico olor a boñiga quemada. Abstraídos, contemplando las llamas, recordaron de las antiguas escrituras que:

El camino Medio, revelado en las enseñanzas, propone que se debe preferir antes que exigir. Confiar antes que desesperarse. Fluir antes que resistirse…

Lo que se aborrece encadena y ata, repitiéndose una y otra vez. Y, por el contrario, lo que se persigue con desesperación huye y se aleja.

No es posible alcanzar o liberarse de algo cuyo opuesto antes no se ha aceptado, comprendido, o amado.

La necesidad y la desesperación perpetúan las situaciones conflictivas hasta que, finalmente, se soslayan por obra del amor.

—Entonces, ¿debo olvidarme de la decisión del jurado? –preguntó Tenzin volviendo a la conversación.

—Por supuesto. Vamos a participar en el concurso –dijo el maestro con voz suave– por el placer de hacerlo. Sin esperar recompensa alguna. A fin de cuentas, es lo que más nos gusta hacer… ¿no es así?

—Así es –afirmó enseguida el muchacho.

—Y cuando uno realiza aquello que ama –añadió el maestro–, ya obtiene su remuneración al hacerlo. La necesidad de reconocimiento es como beber agua salada: no sólo no alivia la sed, sino que la aumenta a cada trago.

—Al igual que tú, venerable maestro, los lamas instructores también nos animan a actuar con empeño sin darle importancia a la gratificación.

—¡Y así es! Quien ama lo que hace se siente feliz al margen de la recompensa.

El anciano lama se acercó al fuego y retiró un cazo para servir té para ambos.

«La aceptación consiste en apreciar toda circunstancia como una medicina» –recordó Tenzin de las lecturas, sorbiendo el humeante tazón de madera–. O como diría el lama gobernante del refectorio: «¡Comer con apetito, cualquiera que sea el plato que nos pongan delante!».

Acuérdate de esto, Tenzin: el gran poder transformador de la crisis no está en la situación límite en sí misma, sino en rendirse a ella.

Las palabras del anciano maestro encerraban una profunda enseñanza que se resumía en ser flexible como el bambú para resistir el viento, fluir como el río entre los obstáculos para llegar al mar, confiar en el proceso, ser suave ante toda circunstancia… Y también en una única actitud: mente clara, corazón tierno.

—Por la mañana construiremos una jaula digna –afirmó el maestro– siguiendo tu ingeniosa propuesta. Antes, calcularemos la duración de la barra de incienso que necesitaremos usar. Ahora, vamos a entregarnos a nuestras obligaciones de cada día, que el mañana ya llegará con lo preciso.

—Deberíamos…

—¡Mañana, Tenzin! –le interrumpió–. Modera tu impaciencia. ¡A quien sabe esperar, el tiempo le allana los caminos!, recuérdalo.

»Ahora, ve y cumple tus obligaciones con esmero… ¡o te reencarnarás en un perro! –le advirtió, recordándole una antigua creencia del viejo Tíbet relativa a los monjes perezosos.

En los monasterios, infinidad de perros holgazaneaban y dormitaban en las calles de las ciudadelas monásticas. Se les creía la reencarnación de monjes que no cumplieron su cometido con diligencia en la vida anterior. Los más temidos –mastines tibetanos de pelo largo y actitud sañuda– rondaban los monasterios buscando comida y pelea.

El maestro pasó un brazo por encima del hombro de Tenzin, éste arqueó las cejas resignándose; y, mientras le acompañaba hasta la puerta, ilustró sus palabras con esta metáfora:

—El necio, cuando ve que su mies no crece, tira de los tallos con fuerza hacia arriba creyendo ayudarlos a crecer. Absurdo, ¿verdad? Ahora, imagina que siembras cebada y, a la semana, escarbas en la tierra para ver cómo prospera el brote. Eso acabaría con él, ¿no es cierto?

—Sí, desde luego –reconoció.

—El campesino hace su trabajo y aguarda paciente. Sabe esperar el momento de la cosecha. Créeme, un día vale por dos para quien hace cada tarea a su debido tiempo.

El muchacho le miró con resignación y comprendió que debería esperar al día siguiente.

—Paciencia, Tenzin. Los nómadas suelen decir que, con el tiempo, la hierba se vuelve leche… ¡y así es!

Las largas trompas tibetanas, con su son plañidero llamando al servicio religioso, les interrumpieron. El muchacho salió corriendo calle abajo para no llegar tarde y ganarse una severa reprimenda de los monjes instructores.

Tras el último servicio religioso, Tenzin se encaramó al tejado de la escuela monástica para meditar a solas.

En la oscuridad de la noche, distinguió a un monje sentado en el alero cuya silueta se recortaba en el cielo estrellado. El lama, al percibir su presencia, se dirigió a él con voz suave:

—Ven muchacho, siéntate aquí, y podrás contemplar el gran espectáculo de una lluvia de estrellas. La vista desde este lugar es magnífica.

Tenzin obedeció, se sentó junto a él y se quedó en silencio. La noche transcurría tranquila y sólo se oía aullar, a lo lejos, a los perros.

Sus siluetas insignificantes contrastaban con una colosal luna emergiendo de entre las nubes.

—¿Por qué observas el firmamento? –preguntó al fin el pequeño *chela*.

Y como no recibió respuesta, insistió. Y entonces sí la obtuvo:

—¿Y no es hermoso hacerlo? –replicó el lama poniendo expresión de obviedad ante aquella maravilla.

El pequeño novicio se quedó pensativo y, de pronto, su rostro se iluminó.

—Desde luego, sí lo es… –acordó–. Y, a sus ojos, ¿qué aspecto tendremos?

De nuevo, el lama no supo qué responder. Sin duda, no estaba acostumbrado a esa clase de preguntas. Aún no sabía que el pequeño *chela* no dejaba nunca una pregunta sin respuesta. De modo que Tenzin insistió hasta obtener una contestación:

—Bueno, tal vez sólo seamos una lucecita más. ¡Una entre tantas! –afirmó el lama de las Estrellas.

Las constelaciones lucían nítidas y la Vía Láctea cruzaba el firmamento como una larga mancha de polvo blanco.

—¡Vaya!, ¡qué minúsculo es un niño en medio del Universo! –observó Tenzin mientras trataba de hacerse a la idea.

Y agregó:

—Algunas noches, solía escaparme para subirme a una tapia desde donde observar la noche. Cada vez que veía caer una estrella, imaginaba que se desplomaba una cometa, pero no de seda, ¡sino de luz!, y hasta creía oír cómo un niño en algún lugar lejano lloraba su pérdida.

—No había imaginado nunca algo tan triste –dijo el lama–. Podría muy bien ser como dices –convino, pues le pareció una explicación razonable–. Cuando yo era un chiquillo recuerdo que creía que se trataban de las lágrimas del sol. Pero, ahora que lo mencionas, puede que tengas razón –concluyó satisfecho.

—Los recuerdos son bonitos… –suspiró Tenzin mientras su mirada se perdía en el infinito.

—¡Oh, sí lo son!

Sus infantiles dientes castañeteaban de frío; aún no dominaba la técnica de calentarse aumentando su temperatura interna. A pesar de ello, no podía apartar los ojos del firmamento y perderse un instante de la eternidad desfilando ante sus ojos.

—¿Y tú crees que se rompen al caer? –preguntó el lama.

El pequeño novicio repuso gravemente:

—¡No!, ¡eso no es posible! Los cometas de luz no pueden romperse; ni siquiera si caen de un extremo a otro del Universo. ¡Vuelan y brillan!, hacen bien su trabajo.

—Me alegro de saberlo –se tranquilizó al oírlo.

—¿Sabes?, en las clases de astrología, los lamas maestros no aluden a los cometas que se escapan para atravesar el cosmos. Los maestros son hombres serios, sensatos y no quieren saber nada de críos que juegan con estrellas… No entienden las cosas que son importantes.

Ambos asintieron en silencio. Coincidían en que un adulto no debería nunca perder la capacidad de asombro del niño que un día fue.

—Bien, es tarde, ahora he de ir a acostarme. ¡El lama tutor no tolera la indisciplina! –dijo el joven *chela*.

—Vuelve y te enseñaré a leer en las estrellas.

—Lo haré.

Y se despidieron con una sonrisa que iluminó, en algún lugar del cosmos, el nacimiento de su amistad.

En su taller, el maestro de las Cometas escribió su meditada respuesta:

«No es posible buscar una respuesta con la mente a las preguntas que formula el corazón. Más allá del entendimiento, sólo es posible comprender sin el ruido de las palabras».

Escribió qué le diría él al novicio y añadió:

«Lleva siempre esta astilla colgada en el pecho para recordarte lo que hoy te digo cuando te confundas en tus especulaciones. A mí me la dio mi maestro, quien la recibió del suyo y yo, hoy, te la cedo a ti. No te sientas mal por llevarla, yo mismo la llevé hasta este día.

»Venerado Naropa Trungpa, nos encontraremos en el campo de vuelo, donde espero que tu habilidad con la cometa sea igual al ingenio demostrado con las palabras.

»De corazón deseo que gane aquel que se haga merecedor de la victoria. ¡Tengamos buen viento y un cielo despejado!».

Con estas palabras concluyó su mensaje a sabiendas de que la bendición del rival lo es para todos los contendientes.

Ocho

El proceso es el resultado

Los días transcurrieron y, finalmente, llegó la prueba para la que tanto se habían preparado. Tenzin apenas pudo conciliar el sueño la noche anterior. Contó nubes, estrellas fugaces, cometas errantes, apretando los párpados con fuerza, pero fue inútil, el sueño le rehuyó.

Ansiaba elevar la prodigiosa cometa cuanto antes y hacerla subir tan alto como fuese posible. Cruzar el cielo tibetano de punta a cabo, como una pluma leve, para que todos la vieran desde donde quiera que se encontrasen en ese momento, y, entonces, se les pusiera expresión de asombro mientras la señalaban admirados por la suavidad y la ligereza de su vuelo.

Tan pronto como sonó el gong que convocaba a los acólitos, buscó a tientas en medio de la penumbra, su túnica y sus botas de fieltro, y se dirigió sin demora al taller del maestro de las Cometas para ayudarle en los preparativos.

Amanecía y todo se desperezaba con los primeros rayos del sol. Por fortuna, el tiempo era bueno y el viento adecuado para volar.

De camino al campo de vuelo, Tenzin puso un gesto grave. El anciano lama, en cambio, parecía despreocupado. Ambos caminaban en silencio detrás de dos ponis tibetanos cargados con todo el material. Sólo se oía el tintineo de las campanillas sujetas a las bridas de los animales que transportaban la cometa desmontada pieza por pieza.

El maestro, advirtiendo su inquietud, le tranquilizó:

—Tenzin Lonchenpa... dentro de unos años ¿alguien se acordará de esto?

—No lo creo, venerable maestro.

—En ese caso, tal como ocurrirá entonces, tampoco debes preocuparte ahora.

Acuérdate de esto, Tenzin: unas veces se gana y otras se pierde, y en ambos casos nunca pasa nada de mayor importancia.

Cuando por fin llegaron al campo de vuelo, situado a medio camino entre los monasterios de Sera y Drepung, todo estaba ya dispuesto para la exhibición de los dos prodigios voladores.

Los monjes músicos animaban el festival con sus interpretaciones haciendo sonar tubas, campanas y menudos tamborcillos con dos bolas que los golpeaban al hacerlos girar de izquierda a derecha.

Más allá, Naropa Trungpa, junto a sus ayudantes, montaban la cometa que iba a volar en representación del monasterio de Sera.

Los dos lamas se saludaron con el respeto de quienes saben que no hay peor torpeza que infravalorar al rival.

Tenzin se sintió intimidado al comprobar que su contrincante tenía el doble de ayudantes. El maestro, dándose cuenta de ese detalle desesperanzador a los ojos del muchacho, afirmó:

—Tranquilízate Tenzin, demasiados cocineros estropean el guiso —sonrió.

El pequeño novicio fue descargando, de los lomos de los ponis, las piezas y las dispuso sobre el suelo tal y como otras veces había hecho. A continuación, el maestro las fue armando mientras Tenzin anudaba cabos y fijaba los soportes de la estructura.

En poco tiempo, la cometa quedó montada ante los ojos del público llegado de lejanas aldeas y que ya había tomado posesión de un buen lugar desde donde seguir la competición.

Atraídos por el acontecimiento festivo, visitaban la ciudad sagrada de Lhasa, el Jokhang, y el mercado del Barkhor, donde podía comprarse cualquier cosa. Lucían las tradicionales *chubas* (largas casacas de lana), que dejaban uno de los brazos al descubierto.

Para amenizar la espera, los hombres bebían chang, cerveza a la manera tibetana (cebada fermentada), que llevaban en unas pellizas colgadas en bandolera.

Las mujeres, muchas con niños a la espalda, lucían largas trenzas engalanadas con adornos de ámbar, turquesa y también de coral rojo. Algunas depositaban en un altar improvisado figuritas de mantequilla y harina de cebada que habían elaborado durante meses y que, ahora, iban a derretirse al sol.

Más allá, un grupo de actores, bajo unas grandes máscaras, escenificaban danzas tibetanas que hacían las delicias de todos. En su representación, un pastor extendía pañuelos de seda ante actores caracterizados como *yaks* que trataban de recogerlos con sus cornamentas mientras danzaban al compás de una música de tono épico.

Cuando todo estuvo listo, los dos concursantes, con sus respectivos ayudantes, saludaron al público mientras sonaban las largas trompas rituales de tres notas, acompañadas por címbalos y un estridente gong dando el aviso del inicio de la competición.

La fiesta anual de las cometas de los dos grandes monasterios de Sera y Drepung había empezado.

Naropa Trungpa dirigía una cometa que simulaba un dragón alado de feroz aspecto, garras amenazadoras y con una larga y espectacular cola.

Guendun Rimpoché presentó una cometa de vivos colores que consistía en un gran prisma con múltiples colas. En su interior iba sujeta la jaula donde viajaba una avecilla asustada.

Ambas yacían en posición de vuelo tumbadas en el encabezamiento de la pista hasta que, al sonar la señal, un tirón, primero, y el viento, después, las encumbraron en el cielo.

Tenzin, siguiendo las indicaciones de su maestro, corrió en dirección contraria al viento soltando hilo.

Por su parte, Naropa Trungpa, después de realizar algunos giros que despertaron la admiración de los asistentes, acercó su cometa a la de Drepung con la intención de desventarla. Y a punto estuvo de conseguirlo si no hubiese sido por la habilidad del maestro de las Cometas quien, tomando el mando de las líneas, consiguió maniobrar con pericia.

Tantas veces se acercaba la cometa de Sera, tantas la de Drepung la esquivaba ascendiendo o descendiendo según soplaba el viento. Esto hizo las delicias del público que vitoreaba este tipo de acciones entre ambos contendientes.

Según las normas del concurso, cuando una cometa caía, el rival obtenía el derecho a quedarse con ella. Regresar al monasterio con las manos vacías suponía, sin duda alguna, la más deshonrosa de las derrotas.

Naropa Trungpa consiguió empujar la cometa rival hacia el límite de la ventana de vuelo. Al reducirse el aire de la vela, la cometa de Drepung perdió altura. El anciano lama compensó la desventaja tensando el cable exterior y soltando el interior.

Para sacarla, planeó en horizontal hasta llegar al centro de la ventana de vuelo, donde recuperó viento y altura.

Tras consumirse la barra de incienso, se abrió la jaula y entonces apareció el ave que, batiendo sus alas, ganó el cielo abierto. Al mismo tiempo, salieron de su interior dos docenas de cintas de colores. Las estolas de seda llevaban escritas oraciones e iban lastradas con una piedrecilla.

Aquél fue el momento más celebrado y aclamado con los gritos de admiración del gentío que abarrotaba las inmediaciones. Un puñado de chiquillos corría de un lado a otro para recoger las cintas de seda conforme iban alcanzando el suelo.

Después de realizar los giros preceptivos para que el jurado valorase su actuación, los concursantes hicieron descender sus cometas mansamente. Finalizada la maniobra de aterrizaje, los ayudantes de Naropa Trungpa se enzarzaron en una airada discusión que todos vieron.

—¡Cuando los cocineros se pelean, es que el guiso se ha quemado en los fogones! —observó el lama de las Cometas. Y sonrió.

El jurado, tras deliberar sobre la creatividad y la pericia de vuelo demostrada por ambos contendientes, emitió su veredicto:

—¡El justo ganador por su mérito es el monasterio de Drepung! —declaró el portavoz del jurado formado por miembros de diferentes lamaserías—, Ganden, Depong, Labrang, del país de las nieves.

Celebrada la decisión con una explosión de alegría, Tenzin expresó su enojo por la actuación del rival:

—¡Ha intentado desestabilizar la cometa!, ¡todos lo han visto! —exclamó tirando de la túnica de su maestro.

Pero su maestro, serenándolo, le hizo comprender que debía estar agradecido por enfrentarse a un rival tan astuto que puso a prueba todas sus capacidades y recursos.

—Tus supuestos enemigos son tus mejores maestros, Tenzin. ¡Qué suerte tenerlos al lado! ¡Son tu práctica espiritual!

Tenzin, con el gesto de no estar demasiado convencido, dijo frunciendo el entrecejo:

—Tal vez consiga excusar a mis enemigos, pero ¡mejor si caminamos por senderos diferentes!

El maestro rio de buena gana y concedió:

—¡Bien!, ¡así sea! Pero hasta que no los aceptes, nada te enervará tanto como tu propia resistencia a admitirlos tal como se muestran.

—Nuestro rival dirigió su cometa para ganar, por eso perdió —afirmó Tenzin con orgullo.

El anciano lama sonrió satisfecho al comprobar lo mucho que había aprendido su discípulo.

Antes de regresar a sus respectivos monasterios, Guendun Rimpoché y Naropa Trungpa se felicitaron mutuamente en el campo de vuelo.

Tenzin, algo más allá, cargaba el material sobre los lomos de los ponis tibetanos. Mientras los observaba, su corazón inocente, pero no ingenuo, recordó algo que aprendió en las escrituras: «Mientras abrazas a tu enemigo, éste no puede atacarte».

Todo cuanto Tenzin Lonchenpa había aprendido de esta experiencia iba a permanecer con él para siempre. Y ésta era la mejor recompensa, su gran regalo.

Acuérdate de esto, Tenzin: el proceso es la parte más importante del resultado y constituye en sí mismo el logro.

Tenzin creía haber construido un sueño. Lo cierto es que su sueño le «construyó» a él. Voló más alto y más lejos de lo que había podido imaginar al principio. Su fe le llevó a correr la aventura de descubrir el gran sueño de su corazón. Y ahora, después de cumplirse, su actitud transmitía la dulzura de quienes emplean el corazón como guía.

—¿Sabes?, algún día tu experiencia inspirará a otros, los llevará a preguntarse: «¿Y por qué no?». Tu ejemplo tocará sus vidas más hondo que cualquier palabra.

—Por este mismo motivo, reconozcamos que nuestras palabras reflejan sólo opiniones —replicó Tenzin haciéndole una aguda observación a su maestro—. Lo único que cuenta es el amor en acción.

—¡Tienes toda la razón! ¡Opiniones! ¡Y podrían muy bien no ser ciertas! De acuerdo, está bien, de acuerdo… —concedió una sonrisa orgulloso de su alumno.

—Discúlpame, maestro, por mi atrevimiento. Tu impecable ejemplo es mi guía.

—Entendí bien a qué te referías, no te preocupes. Sin duda, has aprendido bien.

—Me enseñaste bien… Y ahora sé que el apego a las opiniones ¡puede resultar tan peligroso! —observó Tenzin.

—Es una gran verdad. Utiliza las enseñanzas como una barca que te lleva de una orilla a otra. Pero, cuando llegues, salta de la barca sin miedo. No te apegues a la engañosa seguridad de lo conocido.

Al día siguiente, el abad Principal del monasterio les recibió para felicitarles por la victoria.

Maestro y discípulo se pusieron su mejor túnica; y cada uno eligió un *khata* ritual de seda blanca para colocarlo a los pies del abad.

Cuando llegaron a sus dependencias privadas, dos lamas del más alto grado, tocados con sombreros sacerdotales, los condujeron hasta él. Éste les recibió con el saludo de celebración: «¡Los dioses siempre triunfan!». Después, se sentó en su sitial, en una posición más elevada, y les dedicó una sonrisa.

Llevaba puesta una túnica dorada y azafrán. Era la primera vez que Tenzin le veía tan de cerca. Y tuvo bien presente la instrucción de su maestro de no dirigirse al abad hasta que éste lo hiciera primero.

Una vez que todos se hallaron sentados sobre unos cómodos almohadones de seda y servido el té preceptivo, el abad habló de este modo al pequeño novicio: —Mucho he oído hablar de ti, joven Tenzin Lonchenpa, de tu pasión por las cometas, y de tus notables progresos al lado de tu sabio maestro. También me han llegado noticias de que tu interés por las cometas te ha hecho descuidar, en alguna ocasión, los deberes religiosos y las clases.

El joven se sonrojó, confirmando a todos aquella opinión. Y el abad agregó:

—Vamos a tener que reforzarlas. Tiempo tendrás para dedicárselo al arte de las cometas cuando seas investido monje y, algún día, lama. Esto significa que deberás dedicar el resto de tu vida al estudio de las escrituras sagradas. Y cuando seas lama, aprender enseñanzas ocultas y prácticas tántricas a las cuales sólo acceden los iniciados…

Hizo una breve pausa y prosiguió en un tono menos formal:

—Pero hoy os he llamado para felicitaros por la victoria de nuestro monasterio. Todos los miembros de esta comunidad nos sentimos orgullosos de vuestra actuación. Sin duda, realizasteis una ardua tarea, una labor muy creativa y singular. En cuanto a ti, Tenzin, ya eres de verdad un hombre.

Como deferencia, el abad le permitió a Tenzin visitar sus dependencias privadas a las que muy pocas personas tenían acceso.

Mientras el abad Principal se quedó conversando con Guendun Rimpoché, un monje secretario acompañó al muchacho para mostrarle la biblioteca privada, donde pudo ojear textos desconocidos para él y admirar fabulosas *thangkas,* pinturas sobre pergamino.

Algunos libros de rezos estaban escritos con letras de oro sobre papel teñido de negro y otros con tintas obtenidas de la combinación de piedras preciosas y perlas pulverizadas. La mayoría se hallaban envueltos en telas de diversos colores con finos bordados. Después, abrieron la capilla utilizada por el abad Principal. Una sala cubierta por alfombras y rodeada de imágenes de varios budas de impenetrable sonrisa, rostro dorado, cabellos azules, labios rojos, larguísimas orejas, y con una mano en el regazo y la otra sobre tierra. Destacaba, de entre todos, un gran Buda de oro con una turquesa incrustada en la frente. A sus pies, como ofrenda, una gran cantidad de *tormas* (figuritas de manteca y harina de ce-bada). Sobre el altar, llamó poderosamente su atención una fotografía del decimotercer Dalai Lama. Imitó al monje secretario e inclinó su cabeza ante aquella imagen impresa en color sepia, al tiempo que unía devotamente las palmas de sus manos. Todo allí estaba impregnado por el olor del incienso y de las lamparillas que quemaban día y noche. El humo, al ser atravesado por la luz del día, creaba una atmósfera brumosa y extraña.

Más tarde, el abad les despidió encomendándoles una cometa para atajar la lluvia y ahuyentar el pedrisco con el fin de regalársela a un grupo de campesinos que habían llegado a la ciudad desde el otro lado del país, y que se dirigían al monasterio de Labrang para asistir a las ceremonias del gran *tanka*.

De nuevo más reverencias, esta vez el abad y el anciano maestro unieron sus cabezas por la frente como señal de su gran estima.

Ya en las estrechas calles de la ciudadela monástica, el maestro le preguntó intrigado al pequeño novicio:

—¿Qué es lo que más te impresionó?

—¡Las ventanas de sus habitaciones! No eran de papel encerado sino… ¡de cristal! Me agradó contemplar los edificios del monasterio desde una perspectiva desconocida. Incluso pude ver los ciervos dorados y la rueda del *dharma* en el tejado del templo del Jokhang. ¡Y hasta vi volar sobre el palacio del Norbulingka una preciosa cometa dorada!

—Tal vez el Dalai Lama se encuentre allí ahora –especuló Guendun Rimpoché refiriéndose a su palacio residencia de verano.

—Aunque hay algo que me entristeció: tuve la impresión de que el abad se siente muy solo… –dijo encogiendo los hombros.

El maestro de las Cometas rio de buena gana por aquel comentario.

—¡Todo lo contrario! ¡Las cosas no son siempre como parecen! No quise decírtelo antes, pero el abad Principal es uno de los pocos lamas que «ve el pensamiento» de los demás. ¿Sabes por qué?, porque perdió el miedo a descubrir qué hay en él y, a la vez, carece de la voluntad de ocultar el suyo propio. Como bien pudiste comprobar por ti mismo, conoce todo cuanto ocurre en la lamasería.

Tenzin se daba perfecta cuenta de que se hallaba al inicio de una aventura interior cuyo desenlace era el principio de quién sabe qué. Pero, sin duda, correr esa aventura habría de llevarlo más lejos de lo que entonces podía imaginar, y más alto que la cometa más osada jamás construida.

Nueve

El sueño hace al soñador

Desde las montañas de cumbres eternamente nevadas, descendía hasta el valle un viento frío y cortante. Su incesante lamento se colaba por los ventanucos del taller del maestro de las Cometas.

Tenzin agregó algunas boñigas de *yak* al fuego para avivarlo. Junto a él, el anciano cosía la vela de una cometa. Las bostas ardían sobre el suelo con buena llama y daban un confortable calor a toda la estancia. Para prepararlas, se mezclaban con paja de cebada y agua, se amasaban como galletas y después se dejaban secar al sol.

Del *yak*, extraño rumiante con cabeza de vaca, patas de cabra, pelaje de oso, y cola de caballo, se aprovechaba todo. Sus boñigas daban combustible para cocinar; su pelo largo y duro, lana para urdir tejidos; su leche, manteca para la *tsampa* y las lámparas; su rabo, eficaces espantamoscas; y su carne, un festín para las grandes ocasiones.

El anciano lama, sin interrumpir su quehacer, habló con un tono de voz pausado y grave a su discípulo:

—Puedes hacer que las cosas ocurran o simplemente permitir que sucedan. Lo primero consume energías; lo segundo, las suscita.

—¿Y de qué modo puedo saber qué hacer en cada momento?

El maestro esperó un instante antes de contestar.

—El sabio distingue cuándo aplicarse en hacer y cuándo en ser. Dime, Tenzin, qué crees que eres ¿un ser humano o un *hacer* humano?

—Dicho así, parece obvio... Aunque, no me parece que nunca se deba esperar a que las cosas sucedan por sí mismas... –observó Tenzin.

—Aguardar que las cosas cambien por sí solas, y así evitarse la molestia de realizar algún cambio en uno mismo no sirve de nada, pues el problema regresará de nuevo bajo otra forma.

»Ser y hacer, dar y recibir, actuar y fluir... es el modo en que respira la vida, la antigua ley de la alternancia, que resuena como un latido en los cimientos del mundo.

»Nuestra antiquísima tradición, ya lo sabes, nos orienta hacia ser; pero más allá de las montañas, en lejanos países, es más importante *hacer*.

A Tenzin le costaba imaginar aquellos remotos lugares de los que había oído hablar y de donde procedían los inventos más asombrosos. En un pasado no muy lejano, habían llegado hasta el Tíbet algunos extranjeros, y no siempre con intenciones pacíficas. Aventureros y militares consiguieron romper el aislamiento del resto del mundo que sus antepasados preservaron con tanto celo durante siglos.

—El camino Medio –prosiguió el maestro– simboliza el equilibrio. En ciertas circunstancias, es preciso ser suave; y en otras, firme.

Dicho esto, el maestro de las Cometas sacó de un arcón un viejo libro envuelto en un pañuelo de seda púrpura y lo puso en las manos del muchacho.

—Es para ti, Tenzin Lonchenpa. Me gustaría que lo conservaras. Este libro encierra las respuestas a todas tus preguntas. Se reescribe cada noche para esclarecer los interrogantes de quien amanece a su lado. Así como cambia la mirada de quien lo lee, así cambia también el significado de las palabras escritas en él. Consúltalo cuando te sientas desorientado, abriéndolo al azar por cualquier página. Siempre obtendrás una respuesta adecuada.

Aquel día, en el que el lama le regaló la magia y la maravilla, fue diferente a todos los que había vivido. Nunca antes algo le pareció tan valioso.

Tenzin acarició fascinado las tapas de madera y estrechó el libro contra su pecho. En ellas podía leerse: *Método de vuelo para pequeñas cometas y grandes sueños.*

Lo repitió una, dos veces, con admiración.

—Yo, apreciado, Tenzin, ya construí todas las cometas que llevaba en el corazón –prosiguió el anciano lama–. Ahora te toca a ti entregar las que anidan en el tuyo. Da lo mejor de ti. Si te lo guardas, los demás se perderán algo hermoso y lleno de valor, tu don.

Recuerda que te fue concedido para que lo ofrecieras con amor.

La mirada del discípulo encontró en la del maestro la expresión de la melancolía. Como si el pasado y el futuro se abrazaran en ese preciso instante. Aquel gesto tan enternecedor en sus ojos, rodeados de arrugas, parecía más de un niño que de un anciano.

—Te conozco bien, Tenzin Lonchenpa, –afirmó con dulzura– y sé que cumplirás tu cometido a la perfección. Lo que un día admiraste en mí era tan sólo el reflejo de tu propio talento buscando el modo de expresarse.

Tenzin interpretó aquellas palabras como un adiós, pues en su corazón intuía que había llegado el momento de separarse de él. Y, entonces, su corazón se rasgó como la vela de una cometa que se parte en dos. Sus ojos se humedecieron y se quedó en silencio.

El anciano maestro le alentó con estas palabras:

—La compañía de quienes amamos no nos pertenece. Tampoco lo aprendido nos pertenece, pero bendice nuestras vidas, las esclarece y las eleva. Algún día, tú también transmitirás tu conocimiento a un discípulo. Y así es como debe ser. Nuestra contribución es como una gota de agua. Si dejamos esa gota sobre una roca, se secará y nadie obtendrá provecho de ella. Pero, si la entregamos al río, entonces se convertirá en algo mayor, y permanecerá por los tiempos.

Unas semanas más tarde, el maestro de las Cometas se entregó a una prolongada meditación en una de las cuevas abandonadas por los antiguos ermitaños. Se sentó en la postura del loto, se cubrió con una manta, recitó textos sagrados del *Bardo Thödol* con un hilo de voz, entró en una meditación profunda, y ya no volvió a levantarse.

En la noche del tercer día, abandonó su cansado y viejo cuerpo. Y en el mismo instante en el que su corazón dejó de latir, una pequeña estrella nació en el firmamento.

El maestro de las Cometas, reconocido como la reencarnación de un gran lama, gozaba de la distinción de «Rimpoché» y, por ello, con derecho a una estupa funeraria; sin embargo, el anciano había renunciado a esa prerrogativa en favor de las «exequias aéreas» como el más humilde de los tibetanos.

En el viejo Tíbet, los cuerpos no eran devueltos a la tierra, sino al cielo para provecho de los buitres. Un entierro o una incineración resultaban demasiado costosos debido a su suelo pedregoso, en un caso, y a la escasez de madera, en el otro.

Al amanecer del cuarto día, sus restos fueron depositados por los monjes sobre una losa, en lo alto de una colina, extramuros del monasterio. Después de unas horas, quedaron nada más que un cúmulo de huesos que, siguiendo la tradición, un monje pulverizó con una pesada maza.

Tenzin tenía por costumbre levantarse un poco antes de la llamada al primer servicio religioso; de tal modo que disponía de tiempo para contemplar el final de la noche y el principio del día.

Bajo la bóveda celeste, a menudo, se preguntaba qué fuerza inteligente se ocuparía de prender los astros cada noche y de sostener el centenar de constelaciones conocidas… Ante aquel espectáculo de astros titilantes se sentía tan insignificante que su ego se disolvía por completo y emprendía la jornada con gran humildad.

Cierta noche, con el corazón inflamado por la nostalgia, subió al tejado donde conoció al lama de las Estrellas. Allí encontró a su amigo, bajo la luz de la luna, sentado, en silencio, con la mirada puesta en la inmensidad.

—*Tashi delek*, venerado lama.

—*Tashi delek*, amante de las cometas –respondió–. Me agrada volver a saber de ti –dijo el lama que cada noche escrutaba el sinfín–. Ven, siéntate, compartiremos este instante de infinita belleza.

—¿Se han escapado más cometas de luz desde la última vez que conversamos? –quiso saber Tenzin.

—¡Oh, sí!, ¡muchas más! Tengo el total exacto hasta este mismo momento. Pero una cifra carece de significado en el infinito –suspiró resignado.

—¡Pobres niños que se quedaron sin poder jugar! –lamentó Tenzin.

—Pobres de ellos… –convino con tono apenado el lama.

—¿Viste dónde iban a caer las cometas? Yo no he encontrado ninguna –le preguntó Tenzin.

—No sabría decirte, estuve muy ocupado vigilando el paso de las lunas. Llevo las cuentas de los días de cuarto creciente, menguante, luna llena y luna nueva. ¿Sabes?, le hablo para hacerle compañía. ¡Hay noches en las que se siente tan sola!

—¿Y hace caso de tus instrucciones?

—¡Ah, sí. Siempre!

—¡Qué triste es estar solo sin nadie con quien hablar! –reconoció Tenzin.

—Por eso subo aquí a menudo. Estos días, además, conversé con toda clase de cuerpos celestes. Siempre están dispuestos a escuchar lo que quieras contarles. Por desgracia, nadie lo hace en el monasterio; de niño, yo creía que los adultos les hablaban también. Pero no es así. Pronto, me di cuenta de que a los mayores sólo les importa lo que pueden alcanzar con sus manos para tratar de apropiárselo.

—¿Y cómo puedes ver y oír algo tan lejano?

—Es sencillo, olvida que estás atado a la tierra y piensa que puedes llegar a cualquier rincón del Universo con sólo cerrar los ojos y desearlo.

Tenzin guardó silencio un instante mientras trataba de imaginarlo. Cerró los ojos, apretando los párpados con fuerza. Su mente viajó hasta la luna en un suspiro. Fue y volvió. De pronto, su rostro pareció iluminarse.

—¡Es fácil entonces! –concedió finalmente el pequeño novicio con su sonrisa inocente.

El lama de las Estrellas le miró con ternura y le devolvió la sonrisa.

Se quedaron unos minutos observando admirados, silenciosos, inmóviles, el jardín de luz que es el cosmos. Como dos árboles nudosos, viejos y sabios, que abrazan con todas sus ramas el cielo, sustentándolo. Tal vez, si sus ojos se cerrasen, el firmamento entero se desplomaría.

Arriba, miríadas de estrellas se guardaban para sí los secretos de los tiempos; pero, a cambio, parpadeaban para que los soñadores se orientaran en el sinfín del infinito y para que los astrónomos pudieran trazar caminos imaginarios en él.

—Cuando aprendas a leer en el firmamento –dijo el lama–, descubrirás el lugar justo que ocupas en la creación.

Dicho esto, el lama le guio por la bóveda celeste a través de la región de Virgo con miles de galaxias al fondo, a cual más hermosa. Dieron un paseo entre las estrellas dobles, los cúmulos estelares, los astros pulsantes y las nebulosas pulverulentas...

Tenzin aprendió que una estrella doble es aquella que brilla junto a su par hasta que ambas se extinguen; y le conmovió ese gesto de fidelidad. O que una nebulosa es un remolino de polvo brillante allí donde, hacía una eternidad, murió de añoranza una estrella solitaria... ¡Cuánto amor descubrió aquí y allá desperdigado sobre sus cabezas!

Pronto se hizo tarde para el *chela* y le tocó despedirse.

—Vuelve cuando lo desees, no esperes a que se te pongan los ojos tristes –le propuso el lama de las Estrellas–. Aquí arriba te olvidas de todas las penas. Hay mucho por hacer y, tal vez, quieras ayudarme...

—¡Por supuesto! Y tendré muy en cuenta tu consejo, venerable lama: los niños nunca deberíamos sentirnos apenados.

Antes de marcharse se volvió para añadir:

—Y si, por casualidad, cae una cometa cerca, guárdamela para que pueda devolvérsela al niño que la extravió.

—Descuida, lo haré.

Mientras el novicio regresaba al dormitorio de la escuela lamástica, pensó en el desorden que sería el firmamento si el lama de las Estrellas no subiese cada noche al tejado para contemplar las puestas de sol, vigilar el paso de las lunas, llevar las cuentas, supervisar los amenazantes asteroides, dibujar las constelaciones, dar instrucciones precisas, diferenciar las estrellas fugaces de las cometas desplomadas…

Sin duda, le pareció el hombre sobre la Tierra que más sabía del cielo.

Tenzin solía llevar siempre consigo, bajo su túnica, una de las cintas de seda de la cometa con la que ganaron el concurso. Y solía leer a menudo la oración inscrita en ella. Y al leerla, recordaba con nostalgia cuando la escribió al dictado de su maestro:

Entrego el temor, la ansiedad y la confusión,
Entrego el desencanto y la desesperanza,
Elijo la confianza en cada paso del camino,
Elijo la paz y la entereza para andarlo,
Para encontrar en él un propósito real,
Para sentirme satisfecho con mi vida.

Junto a su esterilla, guardaba el prodigio de libro que le regaló el maestro de las Cometas. Por la noche, antes de quedarse dormido, solía deslizar su mano sobre la vetusta cubierta de madera labrada mientras repasaba, con admiración, su prometedor título: Método de vuelo para pequeñas cometas y grandes sueños.

La primera vez que lo abrió por una página al azar, leyó: *«Mientras tu mente se identifique con tu dolor no podrás librarte de él».* Le pareció reconocer en aquellas palabras la profunda sabiduría de su maestro e, incluso, oír el timbre de su voz grave resonando dentro de él. A su lado, Tenzin aprendió que trabajar en un sueño es la gran tarea del espíritu para su transformación; que, cuando el cielo quiere salvar a un hombre, le entrega un sueño; que en la naturaleza humana está el soñar despierto; y, finalmente, que el soñador se convierte en su propio sueño cuando lo abraza, se funde en él… Y entonces son una misma realidad. Son uno.

Tan pronto fuese ordenado monje, Tenzin sería nombrado maestro de las Cometas de la comunidad de Drepung. Pero, aun así, se sentía apenado desde la muerte de su maestro.

Tal vez fuese porque sabía que en el Tíbet algunos lamas pueden enviar un mensaje a través del viento, o tal vez porque se dejó poseer por la ensoñación, el caso es que cierta noche descubrió en la Constelación del Gran Carro un cometa radiante atravesándola.

Y hasta creyó oír la risa jovial e inocente de su buen amigo el lama de las Estrellas proclamando: «Renacemos y, en ese justo momento, en algún lugar del Universo, brilla un nuevo astro».

Y entonces, en lo que tarda un suspiro en desvanecerse, se le ocurrió de pronto la idea de si su maestro no estaría ahora remontando todas esas cometas de luz caídas del firmamento, mal llamadas por todos «estrellas fugaces».

Pero, tal vez, sólo lo imaginó.

Cierto día, un lama instructor, dándose cuenta de que se le ponían los ojos tristes demasiado a menudo, le preguntó al joven Tenzin:

—Dime, *chela*, ¿por qué te sientes tan apesadumbrado?

Alzó su mirada melancólica y dijo con nostalgia:

—Extraño a mi maestro. Sé bien que todo ser nacido debe afrontar la muerte que es su renacimiento, sin embargo… —respondió con la voz tomada por la emoción.

—Todos lo echamos de menos en el monasterio –le interrumpió el lama–, pero quiero que sepas que él siempre estará en nuestros corazones –lo tomó del brazo y le dijo–: Ven, te lo explicaré para que puedas comprenderlo.

El lama lo llevó al exterior de la lamasería. Descendieron por el sendero pedregoso y estrecho que les conducía al cercano río KyiChu.

Al llegar a la orilla, llenó con agua una vieja jarra de barro.

—¿Qué da sentido a la vasija? –preguntó el lama instructor.

—El agua que contiene.

—Así es. De tal modo que el espíritu de la jarra es como bien dices… ¡el agua!

Entonces, devolvió su contenido al cauce del río.

—¿Dónde está ahora aquello que llamamos espíritu? –le preguntó a Tenzin.

—Ya no está.

—Ya no está en la vasija –le corrigió–. Ahora forma parte de la corriente de la vida. Muere en la jarra y nace en el río. Pero, tarde o temprano, volverá a llenar otra vasija: morirá en el río y renacerá en otra vasija. Y así una y otra vez.

Dicho lo cual, el lama tomó el recipiente y lo estrelló contra unas piedras ante la mirada atónita de Tenzin.

Guardó un instante de silencio.

—Atiende, *chela*, la jarra es el cuerpo que un día deja de existir, es barro que vuelve a la tierra. Sin embargo, el agua que la colmaba sigue siendo agua. Y lo será aun si se evapora, si alcanza el cielo, si se convierte en nube… y la nube en lluvia, y la lluvia en río, y el río en vida.

Tenzin esbozó una sonrisa y una dulce melancolía invadió su mirada.

—Algún día, volveremos a encontrarnos, ¿verdad?

—Sí, algún día. En la eternidad el tiempo no cuenta. Se halla en el *Bardo*, un estado entre vidas donde, como haría un *yak* que rumia lo comido, su espíritu digiere lo aprendido en su anterior vida.

El muchacho asintió en silencio con la cabeza.

—Cuando él se fue, sabía que volvería –le consoló el lama, apoyando su mano sobre el hombro del joven.

Y con una sonrisa amable agregó:

—¿Sabes?, siempre estamos unidos a quienes llevamos en el corazón.

Diez

Final

Sucedió en el país de Buda, en el Tíbet. El país del viento, en el que un novicio se convirtió en maestro de las Cometas al creer en su gran sueño. El país de las montañas de Buda, donde el eco devuelve una antigua plegaria. El país de los mil lagos salados, cuyas aguas deslumbran por su increíble color turquesa. El país de los crepúsculos de fuego, en el que los atardeceres se inflaman ante el asombro de quien los contempla. El país más alto, el techo del mundo, donde sus habitantes pueden tocar el cielo con las manos y la aridez de la tierra con los pies. Un lugar en el que la soledad de sus paisajes extraños es tan profunda como la sabiduría de los lamas y los hombres sencillos que lo habitaron, un día, en paz.

Tenzin Lonchenpa fue ordenado lama en el día de su decimosexto aniversario, corría el año del Ratón de fuego. El futuro XIV Dalai Lama acababa de nacer en la región del Qinghai. La electricidad era todavía una quimera en el altiplano. En el resto del mundo, estaba a punto de estallar la Segunda Gran Guerra. Y aún faltaba mucho para llegar al asombro ante el primer vehículo de motor entrando en Lhasa.

Apéndice

El Tíbet fue invadido por las tropas comunistas de China en 1959, después de años de hostigamiento. Mientras eso ocurría, los llamamientos de la ONU por la violación de los derechos humanos y de la UNESCO por la devastación de la identidad cultural de su pueblo eran ignorados por completo y Occidente miraba hacia otro lado.

Muchos tibetanos murieron y el país entero padeció una grave destrucción de todo su patrimonio cultural, cuya manifestación, desde entonces, sufre una sutil represión. Otros tuvieron que abandonar su país atravesando a pie las montañas del Himalaya para convertirse en refugiados. Y los que se quedaron son, en su propio país, una minoría.

Más de seis mil monasterios fueron completamente arrasados. Con su devastación desaparecieron antiguos textos, irrepetibles obras de arte y valiosos conocimientos y tradiciones que constituían un patrimonio cultural y el testimonio de una profunda sabiduría milenaria.

La capital, Lhasa, ha sufrido la demolición de dos tercios de su núcleo urbano histórico y, como todo el país, una profunda transformación dirigida. Su suelo se ha convertido en un basurero nuclear y sus recursos naturales esquilmados en beneficio de la metrópoli. En nuestros días, aún quedan tibetanos presos en las cárceles por manifestar su opinión.

Si bien el invasor erradicó la caduca estructura feudal de aquella sociedad y la incorporó al siglo xx, ninguno de estos logros puede justificar la brutalidad empleada y la gravedad de la represión sobre el pueblo tibetano.

Una antigua profecía vaticinó que los tibetanos se verían perseguidos y obligados a abandonar su país; y, con ello, llevarían sus conocimientos al mundo entero, como –de un modo desgraciado– así ha sido. Occidente se halla en deuda con el Tíbet por el regalo del budismo y su tradición de sabiduría universal consistente en el conocimiento de la naturaleza de la mente, del que nuestra sociedad está tan necesitado.

En la actualidad, su gobierno espiritual y político exiliado en el norte de la India, representado por el XIV Dalai Lama (Premio Nobel de la Paz en 1989), intenta dar a conocer al mundo la situación del Tíbet, tratando de mantener viva su identidad cultural en el exilio y de recuperar algún día la autonomía política por la vía de la no violencia.

Índice